天津市哲学社会科学规划研究项目（编号：TJYYQN19XSX-007）
天津社会科学院重点研究课题（编号：14YYJ-08）

我国自由贸易试验区金融分层监管问题研究

Research on Financial Hierarchical Supervision in China's Pilot Free Trade Zone

董微微◎著

经济管理出版社
ECONOMY & MANAGEMENT PUBLISHING HOUSE

图书在版编目（CIP）数据

我国自由贸易试验区金融分层监管问题研究/董微微著．—北京：经济管理出版社，2020.7

ISBN 978-7-5096-7433-8

Ⅰ.①我…　Ⅱ.①董…　Ⅲ.①自由贸易区—金融监管—研究报告—中国　Ⅳ.①F832.1

中国版本图书馆 CIP 数据核字（2020）第 158464 号

组稿编辑：李玉敏
责任编辑：李玉敏
责任印制：黄章平
责任校对：王淑卿

出版发行：经济管理出版社
（北京市海淀区北蜂窝 8 号中雅大厦 A 座 11 层　100038）
网　　址：www.E-mp.com.cn
电　　话：（010）51915602
印　　刷：唐山昊达印刷有限公司
经　　销：新华书店
开　　本：720mm×1000mm/16
印　　张：12.25
字　　数：180 千字
版　　次：2020 年 8 月第 1 版　　2020 年 8 月第 1 次印刷
书　　号：ISBN 978-7-5096-7433-8
定　　价：78.00 元

前 言

自由贸易试验区成为新形势下我国推进贸易便利化、促进区域经贸发展的重要平台，通过连接国际、国内两个市场，构建促进区域扩大对外开放的政策窗口。改革的红利、全球化的红利和人口红利促进加工贸易在中国的深入发展，有利于我国引导产业链梯度转移，打造“中国制造”的优势，在推进供给侧结构性改革、构建开放型经济新体制和实施区域发展新战略等方面发挥着重要的支撑作用。习近平总书记要求“把自由贸易试验区建设成为新时代改革开放的新高地”。我国自由贸易试验区成立时间较短，从2013年至今，从上海到海南，从东部沿海到西部内陆，再到沿边地区，我国自由贸易试验区已经形成了“1+3+7+1+6”的雁阵引领的开放新格局，着力构建面向国际的自贸区网络，为推进我国供给侧结构性改革，为国家开放和治理能力建设、打造区域发展高地积累了一批可复制可推广的创新经验。

自由贸易试验区的设立为金融制度创新提供了试验田，金融领域的开放与创新是推动投资与贸易便利化发展的基础与条件，自由贸易试验区在推进金融制度创新和金融服务产品创新过程中，也对金融监管提出了新的要求与挑战。当前，我国自由贸易试验区在推进金融制度创新、金融主体多样化、金融服务高效、金融资金便捷与金融风险可控等方面取得了显著成效。但同时，自由贸易试验区在金融改革中也面临着部分改革措施受制于混业金融监管现状而出现重复监管或监管真空问题，区内各金融部门协同监管仍需加强，金融监管效率有待提升，等等。这些问题有些源于我国金融体系内生性，有些则属于自由贸易试验区金融创新过程中出现的区域性问题，这些已成为自由贸易试验区金融改革创新过程中面临的现实困境。因此，如何在自由贸易试验区建立和健全金融监管体系、有效防范化解金融风险，成为当前我国自由贸易区建设与金融监管领域面临的重要课题。

本书对我国自由贸易试验区金融监管问题进行了深入分析与探讨，结合我国自由贸易试验区金融创新与监管实践，提出金融分层监管框架，以天津自由贸易试验区为例，构建金融分层监管模式与制度体系，并提出推进金融监管的对策建议。以自由贸易试验区为突破口，构建宏观审慎金融监管框架体系，充分考虑自由贸易区金融风险的监测、预警与防范，有利于完善自由贸易区金融监管与风险防范的理论与评估体系，具有重要的理论价值和现实意义。

全书共有八章：第一章为自由贸易区金融监管基础理论与文献综述；第二章为自由贸易区发展历程与主要经验；第三章为我国自由贸易试验区建设成效与特色；第四章为我国自由贸易试验区金融创新与监管的现状与问题；第五章为国外自由贸易区金融监管的经验与借鉴；第六章为自由贸易区金融分层监管的依据与职能；第七章为自由贸易区金融分层监管模式构建与制度安排；第八章为推进自由贸易试验区金融监管的对策建议。

本书得到天津社会科学院应急课题资助。我深深感到，这一课题所涉及的问题并没有完全得到解决，只是大胆地进行了一些探索，为以后的进一步研究奠定一些基础。由于作者水平有限，加之时间、精力和能力的局限，不足之处在所难免，如有不当之处，恳请读者批评指正。

目　录

导言

一、研究背景

金融监管问题是20世纪以来困扰世界各国金融与经济安全稳定的重大问题之一，并且随着经济环境、金融业经营模式与金融产品创新的不断发展，金融监管也面临着不断出现的新情况和新问题，其理论与实践也处于动态发展当中。金融稳定是宏观经济稳定的基础，国家高度重视防控金融风险和保障金融安全。习近平总书记强调“金融安全是国家安全的重要组成部分”，准确判断风险隐患是保障金融安全的前提。党的十九大要求，“健全货币政策和宏观审慎政策双支柱调控框架，深化利率和汇率市场化改革。健全金融监管体系，守住不发生系统性金融风险的底线”。自由贸易试验区的设立为我国金融制度创新提供了试验田，在金融制度创新和金融服务产品创新中走在前列，同时对金融监管也提出新的要求与挑战。因此，如何在自由贸易试验区建立健全金融监管体系、有效防范化解金融风险，成为当前我国自由贸易试验区建设与金融监管领域面临的重要课题。

1. 国际经济贸易新规则对自由贸易试验区金融发展提出新要求

在经济全球化不断加深的背景下，国际贸易呈现出全新态势。世界贸易的格局、企业组织和管理的方式、国家和国家之间的贸易政策均发生了重要的变化，表现为服务贸易的比重大大提高，产业链、供应链和价值链的管控越来越重要，以及零关税、零壁垒和零补助是大势所趋。国际贸易规则上的变化趋势表现为在世界贸易组织（WTO）规则下的进一步改革，双边性质的区域性自由贸易区（FTA）谈判加深。面对这种浪潮，自由贸易试验区的建立无疑成为我国政府对此做出的积极回应。在自由贸易试验区内推行金融改革和开放，涉及资本项目、离岸金融、金融服务多样化等内容，这为我国今后接入国际贸易规则提供了先行先试的宝贵经验。自由贸易试验区将区内金融市场和区外金融市场分割开来，但是风险的外溢性和传染性会使区内风险影响到区外经济，因此风险防范是自由贸易试验区金融发展和稳健运行的根本保障。但在开放过程中，保持本国金融服务体系的稳定性和安全性是最为重要的，因此强调对金融业的监管是推进我国金融业及早适应国际贸易新规则的重要保障，从而实现金融服务业高标准和金融监管高标准。

2. 世界经济一体化和金融全球化背景下金融体系的效应成倍放大

随着经济社会的发展，金融的作用日益重要，对经济增长的影响也日益重大，金融本身具有公共产品的特点，体现了金融体系的正效应和负效应。其中，金融体系的正效应体现为金融机构正常发挥金融中介职能，通过提高储蓄和投资的数量规模及效率，服务于经济增长。首先，金融是现代经济运行中最基本的战略资源；其次，金融作为资金运动的信用中介具有引导和配置其他经济资源的功能；最后，在经济全球化时代，金融能够促进经济良好运行。金融体系的负效应体现为金融机构破产倒闭及其连锁性反应，通过货币信用紧缩破坏经济增长的基础。首先，信息不对称所引发的委托代理问题会导致金融机构的内在脆弱性。其次，金融市场的内在脆弱性表现为由于各个行为主体的非理性的、难以相互合作的行为所导致的逆向选择和道德风险。最后，金融资产内在价格的波动性主要表现为：①汇率、股市、宏观经济学和心理预期所具有的内在波动性；②金融机构破产具有很强的传染性；③金融创新和金融国际化的发展加重了金融资产风险的传染性；④金融资产对经济的影响力不断增强。

随着世界经济一体化和金融全球化的发展，金融资源和金融领域跨越地理空间的限制，在全球范围内进行配置，这种变化使得金融体系的正效应和负效应同时放大。一方面，金融资产的配置领域和范围的放大，有利于实现资源的优化配置，提高金融资源的利用效率，更好地促进经济发展。另一方面，金融全球化使得全球经济之间的联系更加紧密，一旦某一地区的某一金融机构发生金融风险，通过金融体系的内部联系使得风险的影响在整个世界范围内叠加、放大，产生金融经济危机。2008 年美国的次贷危机引发全球性的经济衰退就是金融风险放大的体现，这次危机使各国政府更加重视金融监管的作用。

在世界经济一体化和金融全球化背景下，金融体系自身的正效应与负效应的影响更为显著，因此需要通过政府或监管部门的外部干预降低市场机制导致的金融负外部性影响，使其能够保持健康稳定的运行以服务经济发展。

3. 金融开放与创新发展对我国现有金融监管体制提出新挑战

金融是一国经济的重要一环，也是经济全球化背景下对外开放的重要一环，任何一个国家的金融都不可避免地要受到国际层面的影响。金融开放包括本国金融机构走出去参与国际金融市场业务和国内金融市场向外资金融机构放开两个方面，具体就我国来讲，这两方面都在开放之列。自由贸易区作为我国金融改革与开放的“排头兵”，更是需要走在全国的前列。一方面，在自由贸易试验区内一定条件下允许企业类机构直接进入国际市场，运用外币进行融资；另一方面，应放宽金融市场准入，扩展金融主体，尤其是允许符合条件的外资金融机构设立外资银行及中外合资银行，而这些金融开放措施都是区内独有的。这种情况下区内的金融风险无疑会大大增加，而强调金融监管不仅仅是保障区内的金融稳定、防范与化解金融危机，更是为我国探索金融开放创新保驾护航，为这些优良经验的全国性推广保驾护航。

二、研究意义

目前，学术界对自由贸易区金融监管与风险防范的理论体系尚未形成，如何针对我国自由贸易区金融发展实践，有效识别潜在金融风险的关键点，构建基于防范风险、支持创新、维护稳定的金融风险指标体系，建立金融风险预警模型，构建我国自由贸易区金融监管工作体系及运行机制，具有重要的理论意义和现实意义。

（1）有利于完善自由贸易区金融监管与风险防范的理论和评估体系。当前我国分业监管的体制约束导致对我国整体金融体系监管效果的评价难以有效展开，无法实现对区域层面金融风险的监测、评估与预警，不利于金融风险的监控与防范。以自由贸易区为突破口，构建宏观审慎金融监管框架体系，充分考虑自由贸易区金融风险的监测、预警与防范，构建基于全过程的金融监管监测体系更具指导性和可操作性。

（2）有利于推动自由贸易区金融监管与风险防范理论和实践的创新与发展。自由贸易区金融监管与风险防范在推动我国经济发展过程中不可忽视，自由贸易区内的风险容易溢出到自由贸易区外部。通过构建自由贸易区金融监管的风险防范体系，科学有效地预防风险、控制风险，并在风险发生之后及时采取措施进行救济。

三、国内外研究现状

当前，自由贸易区已成为新时期我国推进贸易便利化、促进区域经贸发展的重要平台，能够较好地连接国际、国内两个市场，构建促进区域扩大对外开放的政策窗口。改革的红利、全球化的红利和人口红利共同促进了加工贸易在中国的深入发展，成功地承接了多轮国际制造业产业转移，形成了

“中国制造”的优势，有利于我国引导产业链梯度转移，促进产业结构调整，拉动区域经济发展，创造了集约和节约利用土地资源的承载模式，有效地发挥了行政管理和资源监管的综合效益，扩大了就业规模。金融领域的开放与创新是推动投资与贸易便利化发展的基础与支撑，为了更好地发挥金融对自由贸易区发展的促进作用，需要有效降低与防范金融创新与开放带来的风险，因此加强对自由贸易区的金融监管、提高金融监管效率是亟待解决的问题。

目前，国内外对自由贸易区金融监管和风险防范问题的研究日益增多，但是我国金融领域的开放度还不高，抗风险能力相对较弱，特别是自由贸易区本身对金融监管的权力有限，这对推动金融创新造成了一定阻碍。由于地方层面监管权限的缺位，一旦开展金融创新，容易出现监管漏洞，由此产生的金融风险将会波及整个经济体系，因此，对于自由贸易区的金融监管问题需要高度重视。

近年来，国内外学者对金融与对外贸易关系、自由贸易区金融风险、金融监管和金融风险预警等研究取得了一些进展，现有研究成果主要集中在以下几个方面：

第一，关于区域金融发展与对外贸易协调发展研究。为了研究自由贸易区效应，Weston（1993）运用定量分析方法测度了北美自由贸易区建设对新加坡、中国等国家的影响，结果认为北美自由贸易区会产生贸易转移效应，但影响力并不大。Frankel 等（1995）和 Lacian Cernat（2001）分别运用引力模型分析了联盟关系、贸易协定等对国家间贸易量产生的影响。Lau 等（2008）运用实际国内生产总值实证检验中国和东盟国家经济体收入的相互依赖性，中国—东盟自由贸易区成员国之间收入依存和同步性特征较为明显。Zamroni Salim（2013）从联盟博弈角度分析了东亚自由贸易协定的贸易联盟关系，认为东亚自贸区下的中日韩三国与东盟六国组成的大联盟处于核心地位，具有稳定性。国外学者关注金融与对外贸易之间的关系，伊顿和格罗斯曼（1985）通过对金融市场发达程度与贸易政策关系的实证研究，指出金融市场发展程度和贸易干涉之间具有显著的因果关系。Rajan 和 Raghuram G.（1998）等对 OECD 国家贸易结构与金融发展水平进行测度，认为金融发展水平对贸易结构具有决定性作用，金融能够促进贸易发展。进一步，Vario（2001）验证了国家金融发展能够促进贸易比较优势形成。

第二，关于自贸区金融风险类型研究。在自由贸易区推动实施资本项目可兑换、利率市场化、跨境投融资和离岸金融等金融改革措施，使得中国金融业面临更大的系统性风险、利率市场化风险和流动性风险（宿营，2014）。马庆强（2016）认为自贸区金融开放的主要风险包括短期资本套利风险、长期资本流动风险以及宏观经济政策失去独立性风险。自贸区跨境资本流动可能引起金融风险，Kaminsky 和 Schmukler（1985）认为资本账户开放在短期内会形成一定的金融泡沫，导致一定程度的金融风险。Broto（2011）认为全球性因素对新兴市场资本流入的影响不断提升，资本流动对于经济稳定运行具有重要影响。自贸区的建立疏通了国内外资金双向流动渠道，可能引发投机性资本大进大出或急进急出，加剧国内经济波动，威胁国家金融安全（陈卫东等，2016）。蔡伊鸽等（2017）认为自贸区存在着资本流动风险、金融机构经营风险和投机者洗钱犯罪风险。洪波涌（2016）认为上海自贸区金融改革面临着系统性风险和利率市场化风险，自贸区的建立疏通了国内外资金双向流动渠道，本国金融机构与国际金融市场联系更加紧密，风险传染性更加明显。

第三，关于自贸区金融风险测度与评价研究。强化对自贸区金融风险的监管，首先需要对自贸区金融风险进行评估、测度，学者们提出了自贸区金融风险评估的框架模型。洪波涌（2016）指出需要建立能够涵盖宏观审慎与微观审慎的自贸区系统性风险监测指标体系，其中宏观审慎指标包括经济增长、收支平衡与通货膨胀，微观审慎指标包括资本充足率、资产质量和盈利状况，同时，需要对自贸区内宏观经济运行、金融市场主体和金融产品、企业等构建压力指数，进而实现对系统风险的评估预警。闻岳春等（2014）以香港人民币离岸金融中心为研究对象，实证检验了离岸金融中心对在岸金融市场的风险溢出效应，结果显示离岸金融中心加剧了在岸金融市场的系统性金融风险，为上海自贸区人民币离岸金融中心的系统性金融风险监管提供借鉴。张瑾（2015）构建了上海自贸区系统性金融风险评估框架，提出包含资金层面、机构层面及宏观经济金融环境层面等全方位、多层次的系统性金融风险评估监测框架，分别针对自贸区流动资金、金融机构、宏观经济状况以及金融生态环境进行风险评估。

第四，关于自贸区金融风险预警防范研究。李巍等（2012）构建了一个包含资本账户开放、金融稳定、国内储蓄率、对外债务履约状况、公众对金融体系的信心、金融深化以及消费不均程度等因素的模型框架，建议在资本账户逐渐走向开放的进程中，对跨境资本的流入流出进行对称管理，努力降低金融机构脆弱性带来的风险，深化金融体制改革，推进利率市场化改革。武剑（2013）指出建立适合自贸区特色的监测报告体系，探索完善符合自贸区金融风险特征的监控指标，包括调整存贷比，优化杠杆率、流动性和集中度等指标。张贺民（2015）认为，金融机构作为自贸区的金融创新主体，应加强内部管理，建立信息披露机制，有效避免和防止金融套利的发生。蒋国庆等（2014）针对自贸区金融自由化风险的防范与处置进行研究，认为要加快人民币汇率与利率市场化、资本账户自由化与人民币利率市场化协同推进和推进金融监管创新。罗素梅等（2014）指出，合理有序推进自贸区金融开放，处理好各开放项目之间的关系，对资本异常流动进行监测、预警和控制，防止套利资金大规模涌入。吴大器（2012）认为，我国金融改革是以金融自由化为目的，并提出自贸区金融自由化的推进要谨慎，推进的过程要注重循序渐进。宋晓燕（2014）在对我国金融改革可能产生的系统风险分析的基础上对上海自贸区金融改革中如何完善我国金融宏观审慎监管架构做了论述。

第五，关于自贸区金融监管框架与模式研究。在当前改革深化、金融风险加大的情况下，自贸区金融监管须加强宏观审慎监管，防范系统性风险。Acharya V. V.（2009）研究认为仅关注单一金融机构的微观审慎监管难以维持整个金融体系的稳健性。巴曙松等（2010）认为，宏观审慎监管是通过对风险相关性的分析、对系统重要性机构的监管来防范和化解系统性风险，它是保障整个金融体系良好运作、避免经济遭受重大损失的一种审慎监管模式。王茜（2014）指出，在自贸区金融业务监管中，需要建立一套能够适应开放市场高风险的监督管理体系，完善区内金融监管立法体系，加强宏观审慎监管，建立合适的监管机构。王根蓓等（2015）认为，中国自贸区的金融创新将引发境内外居民和投资者的储蓄和投资跨境“局部转移”或“全部转移”，应依据内外资金融企业和市场的相对投融资效率来确定金融创新的速度、深度和时序，以减小金融创新的“转移效应”对实体经济和社会稳定的强烈冲击。陈卫东等（2016）认为，针对跨境资本流动，建立涉及多部门、多币种的立体化跨境资本流动监测和预警体系，推广上海自贸区“反洗钱、反恐怖融资、反逃税”资本监测系统和可疑交易报告机制，提升自贸区对跨境资本流动的监管。丁国民和苏忠康（2016）对我国自贸区离岸金融税制模式进行分析，指出我国离岸金融在立法、税收优惠和征管制度等方面建设较为滞后，通过对国际先进离岸金融税制分析后建议我国构建特别减让型离岸金融税制模式。① 何焰和龚超（2007）从区域经济一体化视角出发，认为金融自由化与金融安全博弈是亟待解决的问题；对欧盟和北美自由贸易区的金融服务市场准入制度进行了分析，认为中国—东盟自由贸易区应当完善监管方式，金融自由化和审慎监管同步推进，在逐步推动金融服务贸易自由化的过程中，要同步推进积极有效监管，防范金融风险；完善法律法规体系，充分运用 WTO 规则维护国家利益，保障金融业国际化发

① 丁国民，苏忠康．论我国自贸区离岸金融税制模式的选择［J］．延边大学学报（社会科学版），2016，49（4）：111-117.

展；推进审慎监管，将监管重点转向金融机构日常经营管理，健全风险管理体系。①

当前，国内外对于金融监管的研究多是站在中央政府的高度并从银行、保险、证券等机构或行业的视角进行研究和分析的，涉及特定区域层面的金融监管较少，这与我国现行的金融分业监管体制密切相关。由于金融体系的内在不稳定性和金融机构的内在脆弱性，经济主体在进行金融交易过程中受到自身有限理性的约束，使得金融风险不可避免，当某一经济主体出现支付困难乃至破产倒闭，属于微观金融风险的“单体释放”。由于金融风险具有层次性，微观金融风险有可能升级为地区性的金融风险和全国性的金融风险，一旦微观金融风险的影响波及经济主体所在区域内的其他金融机构，导致整个区域金融风险的放大，超过金融体系所能承受的范围，就会爆发金融危机，并对社会经济运行产生严重破坏性影响，使经济陷入困境，因此，需要对自由贸易区的金融风险问题加以防范。特别是从微观层面自下而上的监管应该得以强化，从金融交易开始时对金融风险加以防范，在交易结束后对其加以转移和分散，于是就需要有相应的金融监管来进行风险防范和分散，这就要求对特殊区域金融风险防范进行多角度的深入研究。

通过对现有成果的分析发现，自由贸易区的金融风险问题已经成为影响金融运行效率和金融安全，甚至成为影响区域稳定的关键因素，对于自由贸易区金融风险的防范、预警与控制有利于减小地方政府乃至国家发生金融危机的可能性，同时对于提高特殊区域金融资源配置效率有促进作用。当前学术界对自由贸易区金融监管理论的研究较少，多是从自由贸易区金融改革发展视角进行分析研究，案例研究较多，有学者以某一自由贸易区为研究对象，对其金融创新内容和重点以及由此产生的金融风险进行探究，进而提出特殊区域的金融监管需求，涉及自由贸易区层面的金融监管和风险防范研究

① 何焰，龚超．区域经济一体化金融服务市场准入制度研究［J］．长江论坛，2007（2）：41-46.

尚未形成体系，且理论研究成果较多，但实证研究与定量研究成果较少，特别是针对我国自贸区金融风险识别、测度、预警体系的实证研究较为鲜见。因此，加强自由贸易区金融监管与风险防范研究，从金融风险影响因素、预警防范体系等全过程的金融监管体系进行系统性理论研究，推动自贸区金融风险防范与提升金融监管效果，显得尤为迫切和重要。

四、主要内容

当前，学界关于自由贸易区金融监管与风险防范研究尚未形成理论体系，本书在现有研究基础上，对自由贸易区金融监管的职能和体系开展了较为系统的研究，从风险防范角度探究自由贸易区金融风险识别、测度、评估与预警体系，试图以自由贸易区为突破口，探索宏观审慎监管的制度模式，有效防范化解金融风险，形成“可复制、可推广”的经验，提升风险预警、防范与化解能力和监管水平。

第一，自由贸易区金融监管基础理论。增长极理论、可持续发展理论、自由贸易区理论等是推进投资与贸易便利化特殊区域建设的理论根基。金融脆弱性、信息不对称和金融体系的效应理论等是金融监管的基础理论。全面系统地梳理相关理论，为本书的研究奠定坚实的理论基础。

第二，自由贸易区发展历程与主要经验。对世界自由贸易区的发展、建设经验进行系统梳理与总结，世界自由贸易区在全方位负面清单管理、投资自由化及风险防范、运用管理模式创新、物流航运体系建设等方面的建设经验为我国自由贸易区发展提供了一定参考。

第三，我国自由贸易试验区建设成效与特色。我国自由贸易试验区在建设过程中呈现出渐进式试点到全面深化开放的战略推进，从沿海到内陆到沿边的开放层级，同步推进中国企业“引进来”与“走出去”战略。上海、广东、福建、天津、海南等典型自贸区在深化创新方面具有各自的特色与亮点，体现了我国自贸区建设的差异化、特色化发展路径。

第四，我国自由贸易试验区金融创新与监管的现状与问题。系统梳理我国自贸区金融开放创新的主要内容，分析金融创新的潜在风险；深入分析我国自贸区金融监管的原则、法律体系、监管主体和监管对象的现状与存在的问题。

第五，国外自由贸易区金融监管的经验与借鉴。系统梳理国外自由贸易区在金融监管方面的创新与政策，为我国自贸试验区金融监管与风险防范提供参考。

第六，自由贸易区金融分层监管的依据与职能。从自贸区进行金融分层监管的必要性、金融监管的依据出发，构建自贸区金融分层监管理论分析框架，指出经济增长、金融深化和金融特殊性等使得在自贸区有必要进行金融分层监管。

第七，自由贸易区金融监管模式设计与制度安排。探索我国自由贸易区金融宏观审慎监管框架，构建基于“事前预警、事中控制、事后救济”的全过程金融监管监测体系。以有效防控风险为目标，优化监管政策框架，合理确定监管风险容忍度，建立健全监管政策传导机制和监管合作机制，推进分类监管，完善风险预警和应急处置机制。

第八，我国自由贸易区金融监管与风险防范的对策建议。立足我国自由贸易试验区实际，从金融主体、金融业务、金融监管理念、监管原则、风险防范与处置等方面提出金融监管与风险防范对策建议。

第一章 自由贸易区金融监管基础理论与文献综述

第一节 自由贸易区理论基础

一、增长极理论

投资与贸易便利化特殊区域是经济一体化发展的最初阶段，在经济一体化的理论体系下，增长极理论是特殊区域研究中普遍使用的基础理论。

增长极理论最早由法国经济学家佩鲁于 1950 年提出，认为经济增长是一个非均衡过程，由一个或多个“增长中心”逐步向其他区域或部门扩散的过程。后来，法国经济学家布代维尔（J. B. Boudeville）、瑞典经济学家缪尔达尔（Gunnar Myrdal）、美国经济学家赫希曼（A. O. Hirschman）和美国城市经济学家弗里德曼（John Friedman）等都在不同程度上丰富和发展了该理论。

增长极理论认为从空间层面上看，不同地区的增长速度并不相同，难以保持同步的发展。在促进区域经济发展过程中，具有创新潜力和优势的区域或行业能够形成聚集效应，成为引领区域发展的增长极，使得资本和技术高度集中而形成规模效应，实现自身快速发展的同时能够扩散进而带动周边区域发展。因此，在区域发展过程中将有限的资源集中在发展潜力大的部门或区位，形成增长点，这些增长极可以是多元化的，如金融中心、贸易中心、生产中心、信息中心等，通过中心的优先增长逐渐向其他部门或地区传递，促进国民经济的整体发展。这些地区就是所谓的“增长极”。

佩鲁利用熊彼特的创新理论提出增长极的形成至少需要三个条件：第一，具有创新能力的企业和企业家群体的存在；第二，产生规模经济效益的能力；第三，适合的周围环境的配合。佩鲁在其建立的增长极理论中，主要从四个方面对增长极的作用机制进行了阐述：第一，技术的创新与扩散；第二，资本的聚集与输出；第三，通过产生规模经济效益，带动相邻地区和相关部门的发展；第四，形成地域经济综合体，产生“凝聚经济效果”。美国发展经济学家赫希曼（1958）提出“核心边缘理论”和“联系效应理论”，认为增长极在区域经济发展中既能成为带动区域发展的动力源，但同时也能导致区域发展差距增大。罗默提出内生增长理论，认为规模报酬递增的生产技术能够促进富裕地区保持较快的增长速度，从而促进区域发展向周边扩散。美国经济学家弗农（1966）提出“区域经济梯度推移论”，认为主导产业所处不同发展阶段与区域经济之间存在梯度差异，如果主导产业部门处于创新阶段，就为高梯度地区，反之则为低梯度地区。

二、国际贸易理论

国际贸易理论源于重商主义经济学说，经过亚当·斯密、大卫·李嘉图、李斯特、赫克歇尔、俄林、里昂惕夫、克鲁格曼等人的发展和完善，已经成为经济学的一个独立分支。国际贸易理论的发展沿着自由贸易思想和保护贸易思想两条主线展开，对各种不同类型国家的贸易理论和政策产生了深远的影响。

保护贸易思想起源于重商主义，认为国际贸易会阻碍经济落后国家的经济发展，反对放任自由贸易的做法，建议政府采取保护贸易措施。而自由贸易思想起源于亚当·斯密，该理论认为劳动生产率的高低决定了生产成本的大小，劳动生产率的高低决定了不同国家之间的分工格局与贸易方式，建立自由竞争基础上的经济能够实现资源的最优配置，促进各国收入和经济发展水平提升。在此基础上，李嘉图提出“比较优势理论”，认为国际贸易的基础不限于劳动生产率的绝对差异，只要各国之间存在劳动生产率的相对差异，国际分工和国际贸易就成为可能，“两优取其最优，两劣取其次劣”的分工思想，是李嘉图比较成本理论的精髓。

瑞典经济学家伯尔蒂尔·俄林提出“生产要素禀赋理论”，认为不同国家形成的相互依赖的生产结构受到多种生产要素的影响，劳动不是唯一的生产要素，资本、土地和其他生产要素都在生产中发挥作用。该理论认为不同地区的要素禀赋结构不同是地区间或国家间进行贸易的前提。

美国经济学家保罗·克鲁格曼将规模经济和不完全竞争引入贸易模型，认为贸易分工产生的原因是报酬递增，而不是资源禀赋的差异。并进一步指出垄断竞争企业通过扩大国际贸易市场份额、增加消费人群扩大生产，实现规模经济，有力地解释了发达国家之间的贸易和行业内贸易的原因。

三、自由贸易区的内涵与特征

（一）自由贸易区的概念与内涵

世界各国为了促进投资与贸易便利化，在其辖区内划定特殊区域，对进入区域内的商品货物豁免关税、免除通关及清关等手续、在区内自由流通或再出境等，在特定区域里给予特殊优惠政策，免于实施惯常的海关监管制度。

目前，国际上对“自由贸易区”最权威的定义来自1973年的《京都公约》中“自由区”一词，它是指一国在其辖区内设立的对外开展贸易专属区，对运入专属区的任何货物，视为在关境以外，不征收关税，并取消对进口货物的配额管制，免于实施惯常的海关监管制度。1991年，美国修订后的《对外贸易区法案》规定：“对外贸易区是一个有地域限制的区域，一般处于进口港或者进口港周围，任何国家或地区的商品都可以自由进入对外贸易区而不受《海关法》的限制，其中除了法律明文禁止或者海关管理局规定为会对公共利益或者安全造成危害的产品除外。对于允许进入到对外贸易区的商品，不需要办理正式的进口手续，也不需要交纳关税，在对外贸易区内可自由进口加工制造或者单纯的储存，但是如果要进入美国国内消费市场流通的商品必须交纳或者补交关税。”世界银行（1992）指出，自由贸易区是为了生产或者转移出口产品而隔离出来的区域，区内企业能够享受最大程度的贸易自由和监管自由。

自由贸易区在广义上是指签订自由贸易协定的成员相互彻底取消商品贸易中的关税和数量限制，使商品在各成员之间可以自由流动，在狭义上是指自由贸易园区。为避免混淆自由贸易区的广义概念和狭义概念，我国国家商务部曾专门发文（商国际函〔2008〕15号），将狭义上的“自由贸易区”界定为“自由贸易园区”，并将“自由贸易园区”和“自由贸易区”分别译为Free Trade Zone（FTZ）和Free Trade Area（FTA）。自由贸易区是一个国家实施多边和双边合作战略的手段；自由贸易园区是一个国家对外开放的特殊功能区。两者有区别，但都是为了降低贸易成本促进商务发展而设立。

自由贸易港是由海港或空港与自由贸易园区相结合而形成的，自由贸易港区是指在一国领土之内、国家关税领域之外划定的，允许外国商品货物豁免关税、免除通关及清关的繁杂手续、可以在区内自由流通或再出境的一个特定区域。自由港往往指一个港口城市整个是自由贸易港区，例如中国香港、新加坡，即都是指一个国家的港口城市，被置于海关管辖之外的特别区域，外国船只可以自由地进出，全部或者绝大部分外国货物可以豁免关税而自由进出港口，并且货物的装卸、储存、再改装或分装、装配、加工或转运他国均不受海关控制，可以免除各种繁杂的行政手续。

综合保税区是我国独创的概念，指面积扩大了的保税仓库或保税工厂。国际上没有保税区（Bonded Zone）概念，只有保税仓库（Bonded Warehouse）和保税工厂（Bonded Factory）。保税区是指在特定的区域实行保税制度，包括保税仓储制度与保税加工制度。保税制度始创于英国，是一种海关监管制度，其最大特点是允许区内企业暂时免缴税赋，为进出口商提供了一个保税储存货物的场所，为贸易商择机进行转口贸易提供了便利。1997年8月1日，我国海关总署发布的《保税区海关监管办法》给出了保税区的具体定义，即经国务院批准设立的、海关实施特殊监管的经济区域；保税区与中华人民共和国境内的其他地方（非保税区）之间，应当设置符合海关监管要求的隔离设施，并由海关实施封闭管理。

保税区是我国“境内关内”的一种海关监管的特殊区域，而自由贸易区则是“境内关外”的经济自由区，二者在开放程度、功能设计与监督管理等方面存在较大区别。第一，保税区在海关的特殊监管范围内，货物入区前须在海关登记，保税区货物进出境内、境外或区内流动有不同的税收限制；而自由贸易区是在海关辖区以外的、无贸易限制的关税豁免地区。第二，保税区的货物存储有时间限定，一般为2~5年；而在自由贸易区内，货物存储期限不受限制。第三，由于保税区内的货物是“暂不征税”，保税区对货物采用账册管理方式；而在自由贸易区，货畅其流为基本条件，多数自由贸易区采取门岗管理方式，运作手续更为简化，交易成本更低。第四，当前许多保税区的功能相对单一，主要是起中转存放的作用，对周边经济带动作用有限；而自由贸易区一般是物流集散中心，大进大出，加工贸易比较发达，对周边地区具有强大的辐射作用，能带动区域经济的发展。

本书将研究对象聚焦于自由贸易区，当前，自由贸易区战略是我国近年来力推的重大国家战略，在自由贸易区内的对外经济活动中实行贸易自由化、投资自由化与金融自由化等特殊政策，具有特定地域性、产业集聚性、监管特殊性和政策激励性等基本特征。

（二）自由贸易区的类型

就功能而言，世界自由贸易区的功能设定是根据区位条件和进出口贸易的流量而确定的，并且随着国内外经济形势的发展而调整和发展，其主要类型有以下几种：

1. 转口集散型自由贸易区

这一类自由贸易区利用优越的自然地理环境从事货物转口及分拨、货物储存、商业性加工等。最突出的是巴拿马的科隆自由贸易区。

科隆自由贸易区是沟通太平洋和大西洋的最佳通道，也是北美与中南美洲的连接要点。作为世界航运中转枢纽，科隆自由贸易区客户所批发转口的纺织品、手表、电器和首饰等商品大多来自亚洲地区，客户老板多数也是亚洲人，而采购客户则主要来自中南美地区。这些客商不必远涉重洋赴亚洲采购，只需来到科隆自由贸易区，即可对东方产品进行浏览、比较，做出采购决策，从而节约了时间和费用。因此，科隆自由贸易区货物流转量巨大，转口贸易成为了主要业务，吸引各国货物在科隆自由贸易区集散。目前，该区从事进出口贸易和转口贸易的企业已与世界上 120 多个国家和地区有贸易往来，为沟通东西方商业交流、活跃拉美地区经济以及促进本国经济和社会的发展均起到了引人注目的作用。此外，货物在科隆自由贸易区的大进大出也极大地带动了资金在自由贸易区的大量流动，该区目前已有多家外资银行及分支机构。

2. 贸工结合、以贸为主型自由贸易区

这类自由贸易区以从事进出口贸易为主，同时从事简单的加工和装配制造，这在发展中国家最为普遍。例如阿联酋迪拜港自由港区。迪拜港自由港区建于1985年，由港口和自由贸易区组成，面积135平方公里，是目前世界上最大的自由港区，主要功能为港口装卸、仓储物流、贸易及加工制造。区内共有企业5000余家，其中贸易物流业占74%，加工制造业占22%，相关服务业占4%。该区为海关监管区域，陆域设立围网，进行封闭管理。主要政策包括：货物在区内存储、贸易、加工制造均不征收关税及其他税收，如进入阿联酋关税区时再征税。海关对区内货物采取随时抽查的方式进行监管。外国货物从海上进出该区均须向海关和港口进行申报。区内除中转贸易、加工制造业务以外，其他与之相关的中介服务行业等也可进入，除酒店、医院外，银行、法律事务、写字楼业、餐饮业等均可入区经营，但此类企业均须为阿联酋本国所有，外资企业不得进入。

3. 出口加工型自由贸易区

这类自由贸易区主要以从事加工为主，以转口贸易、国际贸易、仓储运输服务为辅。例如尼日利亚自由贸易区。1991年尼日利亚在卡拉巴尔市建立了第一个出口加工区，后改为自由贸易区，该自由贸易区位于尼日利亚东南部的十字河州，总面积为300公顷。当初由中国台湾帮助规划和兴建，该自由贸易区基础设施初步具备。卡拉巴尔是一个大港口，空中交通发达。它靠近尼日利亚富饶的产油区及东部棕榈种植园。目前已有25家外国企业得到批准在该区建厂，有5家已经动工，包括我国投资的一家木材加工厂。外国企业在该区内投资可以享受审批程序、各种税收、原材料供应、土地使用、资金汇兑、劳动力供应、能源供应等方面的优惠政策。尼日利亚还拟在北部卡诺建立第二个自由贸易区，卡诺是尼日利亚第二大商业城市，北部最大的商品集散地。

4. 保税仓储型自由贸易区

这类自由贸易区主要以保税为主，免除外国货物进出口手续，较长时间处于保税状态，例如荷兰阿姆斯特丹港自由贸易区。阿姆斯特丹港在港口内设有自由贸易区，类似保税仓库，面积0.65平方公里。商品进入该区可免交进口税，储存在仓库的商品可以进行简单包装、样品展示，也可做零件装配，具备减免关税和提供转口的各种优惠条件，是大型商户对欧、亚、非洲各国出口的分销中心。自由贸易区外设有若干海关监管库，进一步延伸自由贸易区的功能和服务。此外，阿姆斯特丹港与机场空港自由贸易区业务联系紧密，推动了海空两港物流的联动发展。

5. 综合型自由贸易区

这类自由贸易区主要分布在亚太地区，以中国香港、新加坡为代表。自由贸易区包括整个港口城市，由若干工业区组成，兼具转口贸易、出口加工及金融、商业、旅游等多种功能。区内允许居民居住、生活、娱乐，并可享受免税进出口消费品。通常来说，这种模式的自由贸易区地理位置优越，邻国或地区的经济处于工业化的初期或成形之中，自由贸易区扮演“中介人”角色，协助周围国家开展对外经济贸易，经济活动和经济发展目标呈现国际化。

（三）自由贸易区的特征

国内外关于自由贸易区的核心内容一般包括：以获取经济利益为主的目标；实行贸易、投资、金融、经营等自由的政策；境内关外的海关监管模式；以贸易、物流等服务业为主的产业结构等，总的来说，具有如下共同特征：

第一，是国家（或地区最高当局）主权行为。自由贸易区一般都是由国家统一立法或国家最高当局直接确定其区域性质、基本政策框架、宏观管理模式等。

第二，为单独的封闭区，实行“一线放开、二线管住”的管理模式。自由贸易区一般都设置隔离设施与国内其他区域严密分开（也就是“二线管住”），属于国境之内、关境之外（境内关外），对运入区内的货物不进行常规的海关监管（也就是“一线放开”）。

第三，具有较高的经济自由度。在区内的企业和个人在服从设区国的法律规定的前提下，享有充分的自由。首先，是贸易自由，例如对进出口贸易及转口贸易没有限制，但一般不得经营零售业务；其次，是运输自由，例如免办海关手续、非强制领航、船员可自由登岸、卫生检疫及出入境手续从简等；再次，是投资自由，通常没有行业限制；最后，是金融自由，例如结算币种可自由选择、外币可自由兑换、资金可自由进出等。

第四，较多的政策优惠。设区国政府通常给予自由贸易区内的企业一些政策上的优惠，例如减免所得税、放宽信贷政策、提供投资便利、加速资本折旧、保障投资安全、以优惠价提供土地及水电等。

第五，具有明确的可拓展的园区功能。可拓展的园区功能包括转口贸易、出口加工、仓储展示、商品简单处理加工、物流分拨、金融服务等多种类型。一些园区突出单独功能，一些园区综合多种功能于一体。一般园区的转口贸易和离岸金融业务都比较发达。随着经济全球化进程的推进，自由贸易区的功能向综合化、多元化方向发展，金融对于投资贸易便利化的支持作用日益突出。

第二节　金融监管基础理论

一、金融监管理论发展

在金融全球化快速挺进的环境下，金融业以前所未有的速度发展，在支持经济持续增长的同时，潜在的金融风险也越来越大，金融危机的破坏力越来越强。为了防范货币危机、银行危机、金融危机造成的金融秩序混乱，各国政府普遍建立了金融监管机构，不断完善和细化金融法规，提高防范金融危机的预警技术，化解金融风险，确保国家的金融安全。因此，金融监管成为政府决策部门和金融学术研究的焦点之一。金融监管理论经历了从自由到管制，到放松管制，再到重新管制的演进过程。

（一）自律型金融监管理论

19 世纪是经济自由主义盛行的时代，西方经济运行状态接近于“看不见的手”所需要的完全竞争条件，商业银行的运行也受到“看不见的手”的指导和调节。

自律型金融监管是指在国家金融监管部门建立以前，以商业银行为主体的金融机构在机构成立、业务经营、市场竞争方面完全由投资者自主决定，降低和抵御风险，挤兑破产倒闭也由自己承担，金融机构发展没有任何外在的约束，完全依靠内部自律和市场竞争维持金融机构和金融市场的运行。严格意义上说，自由金融发展时期缺乏专门的理论研究和机构设置，所以，自律型金融监管并没有完整的理论体系，只是自由经济理论的延伸和借用。

在 20 世纪 30 年代的经济大危机之前，中央银行对金融机构经营并不干预，主要通过行使最后贷款人职能防止银行挤提。然而，存款准备金制度和存款保险制度一开始就存在缺陷，1912 年美国银行与通货委员会关于建立存款保险制度的意向，遭到大城市银行的强烈反对，认为存款保险制度使好银行对坏银行的债务负责，是不公平的，不利于银行严格自律。这一时期，金融监管理论中存在着以哈耶克为首的“自由银行制度”学派理论，这一理论与“看不见的手”的范式相吻合，不承认市场有缺陷，信奉金融业自由经营原则，甚至主张取消中央银行。其理论依据是私人银行可以通过“选择性条款”“分支银行”和“指数化存款”等方式来降低和分散风险，这些方式都必须在自由经营、自由竞争条件下才能实现。

20世纪30年代以前的金融监管理论，主要集中在货币监管和防止银行挤兑方面，争论的焦点在于是否建立以中央银行为主体的安全网，对于金融机构经营行为的具体干预较少。这种状况与当时自由资本主义正处于鼎盛时期密切相关，主流新古典经济学坚持"看不见的手"的信条，但现实中经济金融的发展越来越表明市场的不完全性，20世纪30年代的经济大危机最终扭转了金融监管理论关注的方向。

（二）管制型金融监管理论

20世纪30年代的经济大危机，打破了古典经济学"市场万能论"的神话，在这个时期，立足于市场不完全、主张国家干预政策的凯恩斯主义取得了经济学的主流地位，金融监管理论主要以维护金融体系安全，弥补金融市场的不完全性为主要研究内容。在金融领域的具体体现是，直接将金融管制引入经济政策操作实践，传统上中央银行的货币管制已经发展为货币政策并服务于宏观经济调控目标，对金融机构行为的干预成为金融监管的主要内容。

管制型金融监管理论的产生，是基于市场不完全性确认的管制理论的发展，其中管制公共利益学说以市场失灵和福利经济学为基础，认为管制是政府对公共需要的反应，目的是弥补市场失灵，提高资源配置效率，实现社会福利最大化。波斯纳（Ponser，2005）指出，公共利益理论的一个前提假设是"市场是脆弱的，如果放任自流就会趋向不公正和低效率，而公共管制正是对社会公正和需求所做的无代价的、有效的和仁慈的反应"。米尼克（Minick）认为，政府管制是针对私人行为的公共行政政策，是从公共利益出发制定的规则。欧文和布劳迪跟（Owen，Braentigam，1978）将监管看作是服从公共需要而提供的一种减弱市场运作风险的方式。

这一时期的金融监管理论主要包括负外部性管制理论、公共利益管制理论、自由竞争管制理论和信息不完备管制理论。

（1）基于负外部性效应形成了金融管制的负外部性理论，其核心内容是，在金融机构成为经济发展的重要因素时，放任金融机构的自由竞争和完全依赖自律管理，无法保证消除负外部性效应，需要政府的介入，包括采取税收或管制等措施矫正外部效应是必要的。

（2）公共利益管制理论是基于金融体系公共产品特性形成的，其核心内容是，对市场经济下的金融体系而言，政府应该通过各种手段，限制个体金融机构的冒险行为，削弱金融机构的集体非理性，保持金融体系这种公共产品的健康稳定，从而维护消费者的利益，确保经济发展的稳定。

（3）自由竞争管制理论的核心内容是，由于金融机构规模经济的特点，有可能使其发展到高度集中垄断，带来经济和政治上的不利影响，自由竞争的结果是优胜劣汰，金融机构激烈的同业竞争导致整个金融体系的不稳定，进而危及整个经济体系。对金融机构而言，自由竞争并不必然导致效率的提高，相反，自由竞争和稳定之间存在明显的替代性。因此，需要通过政府的监管来实现金融体系的稳定，提供公平的竞争环境。

（4）信息不完备管制理论的核心内容是，在信息不完备的环境下，金融机构往往处在相对劣势，降低了金融效率，扩大了金融风险，而政府的外部监管能够逐步完善信息的完备程度，降低金融风险，提高金融效率，减少经济损失。

随着政府干预经济理论和金融管制理论的发展，导致了近半个世纪的严格金融监管时期，不仅在理论上没有根本的分歧，而且在管理机构上也趋向于专业化，典型标志是相当一部分国家建立了独立的金融监管机构。即使在有些国家没有专业的金融监管机构，在中央银行内部，金融监管部门的地位也相当突出，金融监管的法律体系逐步庞大和完善。

（三）效率型金融监管理论

20 世纪 70 年代后期，自由主义思想在凯恩斯主义经济政策破产的情况下开始复兴。在金融监管理论方面，金融自由化理论随之发展起来，并在理论界和金融部门产生影响。金融自由化理论从两个方面对管制型金融监管理论提出挑战，一方面，政府严格广泛的金融管制压制了金融业的创新发展，使金融机构和金融体系效率下降，最终导致了金融监管效果与促进经济发展的目标不相符；另一方面，金融监管作为一种政府行为，其长期效果也受到政府解决金融领域问题的能力的限制，政府只是在理论上代表全民利益，实际上也往往受到政治斗争的影响，这就难以保证政府金融监管总是能够保证全民利益。市场机制中存在的信息不完备和不对称现象，政府金融监管过程中同样会遇到。因此，政府行为具有严重“内部性”特征，即政府活动的目标并不是或并不仅仅是公共利益的最大化，而是各部门自己的组织目标，尽管政府在主导思想上希望通过严格的金融监管，实现金融稳定和经济发展，但是政府行为的“内部性”使得政府管制逐步失灵，从而导致金融监管的失灵。

金融自由化理论以1973年麦金农和肖的“金融抑制”和“金融深化”论为代表，主张放松对金融机构过度严格的管制，特别是解除对金融机构在利率水平、业务范围和经营的地域选择等方面的限制，恢复金融业的竞争，以提高金融业的效率。还特别指出，“金融抑制”是导致发展中国家经济落后的主要根源。

在对公共利益监管理论提出批评和质疑的同时，理论界于20世纪70年代出现了对监管的多种解释，产生了监管经济论、寻租理论、俘获论、社会契约论等多种监管理论，形成了以利益集团理论为核心的金融监管理论体系。其中监管经济论影响最大，并被广泛接受。监管经济论的主要观点是：大企业控制了政府，管制是政府制度的一部分，所以大企业控制着管制，管制措施在行使之初是有效的，随着时间推移，当被管制的行业“变得对立法和行政的程序极其熟悉时”，情况就变了，管制机构逐渐被被管制的行业控制，被后者利用给自己带来更高的收入。因此，“管制机构的生命开始于保护消费者，而终止于保护生产者”。金融监管是经济监管的组成部分，其基本原理完全适用。

（四）稳健型金融监管理论

自由主义经济理论的“复兴”，并没有解决市场的固有缺陷，金融自由化理论也因一系列区域性金融危机的相继爆发受到普遍质疑。20 世纪 90 年代以来，赫尔曼、穆尔多克、斯蒂格利茨等经济学家在对东亚经济的分析中指出，现实中不仅瓦尔拉斯均衡难以实现，更重要的是发展中国家普遍存在着信息严重不对称、逆向选择和道德风险，因而，资源难以优化配置。这些国家的银行处于信息劣势，放开金融管制以后利率水平的上升导致借款质量下降，只有高风险项目才敢于继续申请贷款，出现了“逆向选择”行为。较高的利率刺激企业高风险投资活动，增加企业拖欠贷款的可能，产生了“道德风险”。因此利率的上升并没有带来银行收益的提高，反而使银行不良资产和企业破产数量不断增加，远未达到资源的优化配置。赫尔曼认为，在这种情况下，政府的适当干预是必要的，通过对贷款企业进行严格的监督，克服信息不对称引起的市场失灵，这就是“金融约束理论”。

20 世纪 90 年代以来金融监管理论的发展，既不同于效率优先的金融自由化理论，也不同于 20 世纪 30~70 年代安全稳定优先的金融监管理论，是二者之间的新的融合与均衡——安全与效率并重的稳健型金融监管理论。

世界各国尤其是发达市场经济国家，在金融监管理论和金融监管实践方面始终不断进步。过去的金融监管理论是以比较成熟的发达国家为背景，对于发展中国家的金融监管问题涉及较少，使得金融监管理论缺乏普适性，更缺乏对市场发育不充分条件下金融监管问题的关注。

二、金融脆弱性理论

金融脆弱性理论的代表人物是海曼·明斯基，他认为，私人信用创造机构特别是商业银行和其他贷款人的内在特性将使他们经历周期性的危机和破产浪潮，金融中介的困境被传递到经济的各个组成部分，产生宏观经济的动荡和危机。他从企业的角度分析了信贷市场的脆弱性。他认为借款的企业可分为抵补性的借款企业、投机性的借款企业和庞氏企业三类，随着经济的不断发展，人们对经济发展前景会普遍乐观，企业会更多地投资于投机性的新项目或更高不确定性的庞氏项目，导致高负债经营的投机性企业和庞氏企业逐渐增多，稳健经营的抵补性的借款企业逐渐减少，金融的脆弱性越来越严重。当经济下行，企业的实际收入达不到预期水平，企业就会发生财务危机甚至破产，冲击银行业并延伸至其他部门，发生金融危机。银行家存在的代际遗忘和竞争压力使得这种现象多次重复地发生。

金融业自身的不稳定性主要表现为：第一，银行资产和负债的流动性难以配合；第二，由于信息不对称使得存款者难以准确监测和评估个别银行的财务状况，不可能把高流动性银行和低流动性银行、经营状况良好的银行和经营陷入困境的银行区别开来，所以，一旦存款者对银行安全产生怀疑，就会提走资金，由此形成的银行挤兑可能蔓延到有清偿能力的银行，甚至导致整个银行体系的崩溃；第三，存在个体理性与集体理性的冲突，每个人都理性行事，并不能保证加总之后的结果还是理性的。

Diamond 和 Dybvig（1983）通过对银行业自身存在的内在不稳定性问题提出了银行挤提理论模型，从定量角度考察了三种不同情境下银行业挤提的根本动因，结果显示信息不对称问题是造成挤提风险的主要原因，其他投资者由于自身有限理性约束使得大规模的挤提问题不断扩散到整个银行业，进而导致整个金融体系风险的扩散，使得银行破产倒闭问题不断涌现。通过市场外部主体如政府部门、监管部门的介入，增强市场主体的信心，不断提高信息透明度，建立存款保险制度，有利于提高金融体系的稳定性。

Kregel（1997）从银行家的角度分析了金融的脆弱性。银行家在不能准确把握未来市场状况的情况下，信贷决定不得不遵守摩根规则，即是否贷款取决于借款人过去的信用记录。银行家对信用记录的重视超越了贷款项目的风险评价。随着经济的持续发展，良好信用记录的人越来越多，银行家和借款人变得越来越自信，打消了银行家心中根深蒂固的怀疑情结，安全边界不断降低。同时，银行家的决策也受到其他银行的影响，他们的怀疑会因为其他银行的行为而打消。格林斯潘用“非理性亢奋”这个词来形容这种现象。当安全边界低到一定程度，经济现实稍微偏离预期，现金流就会出现问题，此时就不得不推迟投资计划或者变卖现有资产，导致价格下跌，供给增加，产生金融危机。

Friedman 和 Schwartz（1986）、Diamond 和 Rajan（2001）则从银行和金融机构流动性的角度分析了金融的脆弱性。借短贷长的资本结构和部分准备金制度使得金融机构出现资金紧张时，无法及时获得充足资金或无法以合理成本及时获得充足资金，从而影响其盈利水平，极端情况下会导致商业银行资不抵债。同时金融机构的资产负债以金融负债为主，只有少部分的具有资产净值的实物资产，这增加了金融机构之间的相互依赖。另外，在经济萧条时期，存款合同的等值性和流动性形成了提取存款的激励，先到先服务的经营原则有助于形成银行挤兑，进而演变为金融恐慌，威胁整个银行体系的安全。

Kaufman（1996）从银行体系的传染性和系统风险的角度分析了金融的脆弱性。由于银行体系具有资本比例低和高杠杆率的特点，当发生损失时，可提供的调整空间较小，通常只能变卖能够获得利润的优良资产来弥补存款债务。由于银行业较高的杠杆率，资产又大部分配置在不透明且较难流动的市场，同时存款者与银行之间的信息不对称，公众预期具有很强的不确定性，并且银行之间的同业拆借和支付系统使得他们在财务上更加紧密地联系在一起，当一家银行出现困难发生违约责任就会很快地传到其他银行，而银行业涉及的利益相关者众多，一旦发生金融恐慌引发挤兑，就会形成“技术性破产”，所以，银行业相对其他行业来说具有更大的脆弱性和传染性。

银行业的这种内在不稳定性造成了银行的脆弱性，而银行在金融系统中的核心地位决定了银行的脆弱性可能最终导致整个金融系统的脆弱性，为了维护社会公众的信心、维护社会安全，政府需要对整个金融系统进行监管。

三、信息不对称理论

信息经济学理论认为信息不对称问题普遍存在于经济社会的各个领域。金融领域内的交易主体之间同样存在着信息不对称。例如，在存贷款市场上银行和客户之间的信息具有不对称性，保险市场上投保人和保险公司之间的信息也存在着不对称，金融创新产品和金融衍生品市场上的信息不对称更为严重。由于信息不对称的存在，增加了信息主体的交易成本，为了降低或补偿获取信息的成本，贷款者可能会选择长期客户或者愿意接受高利率却从事高风险投资的借款者，从而限制了优质借款者的选择，最终影响了金融市场的资源配置效率，提高了金融风险。这就需要借助政府的外部力量对其进行干预，矫正市场失灵，提高金融市场的效率。

Akerlof（1970）用模型分析了信息不对称在众多行业的表现，在发展中国家的信贷市场，当地人显然比外来者拥有更充分的信息，较高的贷款利率水平会引发逆向选择和道德风险，具有相对充分信息的当地人会选择高信用度并且较为熟悉的对象发放贷款，而外地人却难以做到这一点，最终难逃亏本的厄运。

Stiglitz 和 Weiss（1981）研究了信息不对称如何影响信贷市场的配给行为。首先，存款人不能准确评价银行的财务状况，对银行的资本充足率、是否稳健经营等情况并不了解，当某家银行出现流动性危机时，存款人为了避免存款损失会争相提取存款，当挤兑在银行体系蔓延就会威胁银行业整体的安全。其次，银行很难充分了解借款人投资项目的风险与收益情况，而且借款人为获得贷款存在隐瞒投资风险的企图。

Pigou（1938）认为，在市场不完善时，即存在外部性和信息不对称时，将会出现市场失灵，市场机制不能有效发挥作用，在这种情况下当政府有动机并有能力改善市场失灵时，政府干预能够起到促进社会福利的作用。

Bernanke 和 Gertler（1989，1990）从信息不对称的角度探讨了企业净值与金融稳定性之间的关系。在他们的模型中，企业家通过事先的项目评估获得了关于项目质量的更充分的信息。信息不对称引起了贷款人和企业家之间的代理问题，而代理问题增加了项目融资的预期成本。这种代理成本又与企业家净值成负向关系，如果净值足够低从而代理成本足够高的话，将会引起投资的完全崩溃。所以，经济中的一些负面冲击，例如资产价格泡沫的破灭，使企业的资产价值急剧缩水，大大降低了企业的净值，从而使借贷缩减，投资和就业水平急剧降低。

四、金融体系的公共产品特性

（一）金融体系的效应理论

随着经济社会的发展，金融的作用和对经济增长的影响日益重要，区域经济发展对金融的需求与日俱增，而金融本身具有公共产品的特点，一方面，金融作为现代经济运行中的战略资源，具有引导和配置其他经济资源的功能，金融机构如果能够正常发挥其中介职能，提高储蓄率和投资规模与效率，将极大地促进经济增长，这体现了金融的正外部效应；另一方面，如果金融机构破产倒闭，将会产生连锁效应，由于金融自身的内在脆弱性使得各个行为主体无法规避非理性的逆向选择，造成货币信用紧缩进而破坏经济增长的基础，产生金融经济危机，其影响范围甚至可能波及全球经济。金融体系自身的效应使得金融监管具有必要性，通过政府或监管部门的外部干预降低市场机制导致的金融负外部性影响，使其能够保持健康稳定的运行以服务经济发展。

科斯的交易成本说认为外部性不可能通过市场机制自由交换得以消除，需要市场以外的力量介入来限制金融体系的负外部影响。当外部效应存在时，自由竞争不能导致资源的有效配置。金融体系的负外部性是导致金融市场失灵的关键因素，由于金融机构的财务杠杆率远高于一般企业，使得金融机构能够以较少的自有资本来支撑大规模的资本运作。而一旦出现问题，金融机构自身的损失小于大投资者的损失，一家金融机构的问题很容易波及到其他金融机构，其传染性将不断放大甚至波及整个金融体系。某种程度上，金融的负外部性效应能够自我放大，20 世纪 30 年代经济大危机时期的银行挤提就是典型例证。因此，金融领域存在的严重的负外部性，为政府进行金融监管提供了重要理论依据，金融监管是解决金融市场失灵的关键。拉尔夫・乔治・霍特里（Ralph George Hawtrey）认为，通过中央银行的货币政策手段可以有效降低信用不稳定和经济不稳定，有效抑制金融体系的负外部性。

（二）公共经济学理论

公共经济学理论通过深入研究分析政府制定的相关政策，使其能够满足全体公民的利益。在公共经济学理论视域下，金融监管是一种公共产品，为了保障全民的利益而对金融业进行监督与管控，进而降低金融市场的失灵，并力图消除市场失灵。金融市场由于存在着金融机构的自然垄断、信息不对称和金融业自身的外部性效应而存在着市场失灵，使得自由放任的金融业隐藏着巨大的金融风险，能够危及整个经济体系的稳定运行。因此，需要政府的监管提供公平的市场环境，提高信息透明度，减少信息不对称的影响。

有些经济学家也认为，银行业存在着规模经济的可能性，意味着其具有一定的自然垄断倾向。金融部门的垄断同样也可能造成价格歧视、寻租等有损于资源配置效率和消费者利益的现象，导致金融服务质量的降低和社会福利的损失，所以应该通过监管限制金融部门的垄断（Meltzer，1967）。

国外学者从货币作为公共产品的角度分析了金融监管的必要性，Dow（1996）将银行负债的货币性看作一种公共产品，货币性满足消费的非竞争性和交换的非排他性条件。因此，银行应该保持足够高的准备金比例，保证充足的流动性，并允许银行通过持有长期资产而获取收益。为了确保银行资产能够维持足够的清偿能力，需要对银行进行审慎监管。

波斯纳（Ponser）认为，公共利益理论的一个前提假设是“市场是脆弱的，如果放任自流就会趋向不公正和低效率，而公共管制正是对社会公正和需求所做的无代价的、有效的和仁慈的反应”，并指出政府对经济进行管制作为一种公共产品，能够支配和影响供给与需求的基本原则，并决定了管制收益的分配。Peltzman（1976）从供给和需求两个方面构建了分析政府对经济管制的模型，进而实现经济配置的方式，研究表明，特定产业与大集团公司对经济管制的需求来自于监管所带来的潜在收益，而影响管制收益的因素中集团成员的数量规模与组织成本密切相关。

总之，市场缺陷的存在是市场机制本身所无法克服的，主要表现在个体利益与社会整体利益的矛盾上。市场失灵不但增加了市场交易的成本，阻碍了资源的有效配置，而且还影响了社会经济的运行，损害了社会公众利益，这为政府管制提供了必要条件。

五、金融监管理论的研究进展

金融监管作为政府对金融机构的管理和约束规范，随着社会经济的发展和金融机构的变化不断地进行调整与完善。刘锡良（1997）认为，金融监管是指一国政府根据经济金融体系稳定有效运行的客观需要以及经济主体的共同利益要求，通过一定的金融主管机关，依据法律准则和法规程序，对金融体系中各金融主体和金融市场实行的监察、稽核、组织和协调。李早航

（1999）认为：“现代金融监管制度是指为了维护金融体系的稳健运行，为经济发展提供良好的宏观环境和信贷支持，由政府通过特定的组织对金融行为主体进行一定的规范限制。”戴相龙、黄达（2012）认为金融监管是金融监督和金融管理的复合词，指一个国家（地区）的中央银行或其他金融监督管理当局依据国家法规的授权对金融业实施监督管理。谢平（2003）通过对国内外金融经营模式与监管体制的分析，认为我国金融监管由分业监管向混业监管过渡具有必然性，并对我国金融监管体制进行设计。潘志刚、李忠民（2005）指出，金融市场的监管不仅仅是通过实施法律和规章制度来约束和规范经济主体的行为，而是应该同时对金融机构行为进行监测监督，提早注意金融机构经营方向的偏差，注重事前监管，将危机消除在萌芽状态之中，而不仅仅是事中、事后监管。曾彼清（2005）对金融全球化趋势进行分析，认为金融全球化发展的背景下对金融的开放性、创新性和综合经营与功能监管等提出新要求，我国金融监管立法面临机构监管与功能监管、金融分业与金融混业的选择，建议设立国家金融管理局对各类金融机构进行监管，实施对金融业跨产品、跨机构和跨市场的协调与监管。王灿和喻平（2020）构建了涵盖金融创新与金融监管的内生经济增长模型，实证研究的结果显示金融创新能够促进经济增长，而金融监管与经济增长具有倒U型关系，金融监管的完善能够促进经济增长率提升，但过于严厉的金融监管会产生无效率创新，导致经济增长率降低。

第三节　自由贸易区金融监管的概念与内涵

自由贸易区是一个国家或地区基于各自经济发展的目的，划出一定的区域范围，实行某种特殊经济政策，采取某些特殊措施而对外开放的地区，主权国家或地区实行与国内（或区内）其他地区相异经济体制和经济政策的特定经济区域。自贸区作为我国近年来力推的重大国家战略，在区内的对外经济活动中实行贸易自由化、投资自由化与金融自由化等特殊政策，具有特定地域性、产业集聚性、监管特殊性和政策激励性等基本特征。

从自由贸易区建设所面临的问题看，在推进贸易便利化过程中，推动有形贸易监管模式进行调整，例如降低关税、简化通关手续、优化通关流程；在推动投资便利化过程中，对金融创新提出更高要求，同时对金融创新进程中的金融监管提出新的挑战。因此，在投资与贸易便利化特殊区域实现其功能定位目标要求下，推进金融制度创新、金融产品创新等一系列创新发展，发挥金融功能和服务实体经济发展，而这一切都离不开有效的金融风险防范与金融监管的支持和保障。

一、自由贸易区金融监管的概念

自由贸易区的建设为贸易、投资提供便利的同时，由于部分激励措施削弱了对金融和贸易的管控与执法，容易被洗钱和恐怖分子融资创造机会，严重时将危及国家金融安全，这是世界上所有自贸区建设的软肋。因此，在各国着手建设自由贸易区的过程中，一方面，以自由贸易区为载体开展货币自由兑换、宽松外汇管理等金融创新业务；另一方面，不断加强自由贸易区的金融监管，以充分发挥金融对区域发展的支撑作用，降低金融风险。

金融监管有狭义和广义之分。狭义的金融监管是指金融监管当局依据国家法律法规的授权对整个金融业（包括金融机构以及金融机构在金融市场上所有的业务活动）实施的监督管理。广义的金融监管除包括上述监管之外，还包括金融机构的内部控制与稽核、同业自律性组织的监管、社会中介组织和舆论的社会性监管等。由金融监管的定义可以看出：金融监管的主体是一个国家和地区的金融监管当局；客体是金融活动和金融行业，包括金融市场的配置机制、金融企业、金融产品消费者；金融监管的依据一般而言是宪法，具体来说是有关金融法律、法规、条例和政策。从以上分析可以推论出三种不同的金融监管形式：第一，直接干预金融市场配置机制的金融监管制度，如利率管制、金融产权管制及合同规则；第二，通过影响金融产品消费者决策而影响金融市场均衡的金融监管制度；第三，通过干预金融企业决策从而影响市场均衡的管制，包括施加于金融产品特征之上的限制，对金融企业投入、服务和技术的限制导致对金融企业产品组合方面的制约。金融监管是控制金融风险、提升金融系统运作效率、维护社会公众对金融体系信心，从而为社会经济发展创造良好的金融环境的一种政府行为。金融监管具有权威性、独立性和公共性的特征。

当前，学者们对自贸区金融监管定义主要从金融监管概念出发进行界定，翁静雨（2015）认为自贸区是金融监管的定语，自贸区金融监管指的是监管机关对于自贸区范围内的金融主体市场活动所采取的监督管理措施。由于我国在自贸区内采取较区外更为开放及自由化的金融监管态度，所以自贸区金融具有自由化、国际化的特征，但只是限于自贸区地域范围内。赖三珍（2017）认为自贸区金融监管具有特殊性，由于自贸区的金融与区外具有联动性，因此把自贸区的金融监管界定为金融监管当局依据我国相关的金融监管法律法规和自贸区内的法律法规，对自贸区内的金融主体及自贸区内的金融活动所进行的监督和管理活动，除此之外还包括与区外金融监管相协调的活动。

因此本书认为自由贸易区的金融监管是金融监管机构为了促进自贸区内金融业合法稳健运行及保障自贸区政策的有效落实，采用相应的监管手段和措施对自贸区内的金融主体及自贸区内的金融活动所进行的监督和管理活动，还包括与区外金融监管协调。

二、自由贸易区金融监管的构成要素

金融监管的构成要素主要是监管主体、监管客体和监管内容三个方面。自贸区金融监管的这三个要素与区外一般金融监管的要素也有所区别。主体方面，自贸区内金融监管工作有可能与区外一般金融监管工作相分离，此时自贸区内金融监管机构就相对独立地对自贸区内的金融业进行监管，如迪拜国际金融中心的金融监管工作就由金融管理局进行；而有的自贸区金融监管工作与区外不分离，还是由该国的金融监管当局负责，如我国的自贸区金融监管工作目前是由“一委一行两会”负责。在客体方面，自贸区的金融监管是我国整体金融监管工作不可分割的一部分，因此自贸区金融监管的客体即自贸区内的金融机构（包括自然人和法人）也是整个金融市场金融机构的一部分，它的特殊之处在于其金融活动的进行是在自贸区内或者其从事的金融活动与区内相联系。因此只要从事的金融活动与自贸区有关，那就有可能成为自贸区金融监管的客体。监管内容方面，由于自贸区内金融业的开放、金融产品不断创新以及跨区域金融业务的开展，区内金融监管的内容较区外更为复杂，监管要求也更高。同时，自贸区内外金融监管工作的协调也是金融监管的部分内容。

三、自由贸易区金融监管的目标

政府干预市场的主要目的是维护市场健康稳定地发展，保障市场有序竞争，提高市场效率。传统金融监管的目标也着眼于维护金融市场的安全稳定，保障金融市场的有序竞争，提高金融市场的效率。自贸区内金融监管要防范系统性风险和区域性风险的发生，保护金融消费者的权益，维护金融市场安全稳健发展，同时还要保障自贸区内各项金融活动顺利进行、各项金融政策能够落实到位，促进金融业的开放和创新，另外，还要避免过度的监管阻碍自贸区内金融业的创新。

金融监管是防范区域性金融风险的重要保障。中共十八届三中全会强调完善发展成果考核评价体系，在地方政府考核中加大新增债务、资源消耗、生态效益等指标的权重，并指出，要建立规范合理的中央和地方政府债务管理及风险预警机制。2013年底召开的中央经济会议首次将控制和化解地方政府性债务风险作为经济工作的重要任务，着力防控债务风险。地方政府在金融监管过程中具有重要的作用。

第二章　自由贸易区发展历程与主要经验

第一节　世界自由贸易区发展历程与发展趋势

一、发展历程

世界上自由贸易区的产生和发展，大致经历了三个时期：

第一阶段（1547 年至 20 世纪 50 年代），是自由港和自由贸易区在世界范围内的发展时期。

特殊区域的最初形式是自由港、自由贸易区。它的历史可以追溯到古希腊时代。当时的腓尼基人将泰尔和迦太基两个港口划为特区，对外来的商船尽量保证安全航行，不受任何干涉。1228 年，法国南部的马赛港在港区划出一定的区域，开辟为自由贸易区，规定外国货物可以在不征收任何税收的情况下，进出这一区域。1367 年，德意志北部的几个自由城市联合起来，建立了自由贸易联盟，史称“汉撒联盟”，曾选定汉堡、不来梅两地为自由贸易区。1547 年，意大利热那亚湾的里窝那（佛罗伦萨的外港）宣布为自由港，这是世界上第一个正式以“自由港”命名的特殊经济区域。

继 16～17 世纪的自由港、自由贸易区在欧洲地中海一带陆续出现后，18～19 世纪，它们又伴随着西方列强掠夺殖民地的需要而逐渐传播到世界其他地区。英国于 1704 年占领西班牙的直布罗陀后，立即宣布其为自由贸易区，1786 年占领马来西亚的槟榔屿、1819 年占领新加坡、1839 年占领民主也门共和国首都亚丁、1842 年占领我国的香港岛，均先后宣布为自由港。西班牙于 1497 年占领摩洛哥的梅利利亚，并于 1860 年宣布其为自由港。此外还有吉布提、果阿、澳门等。17～19 世纪初建立的自由港或自由贸易区还有意大利的里雅斯特、南斯拉夫的飞伊梅、德国的汉堡和不来梅、法国的敦刻尔克和勒阿费尔、丹麦的哥本哈根、葡萄牙的波尔多、希腊的萨洛尼卡。美洲大陆设置特殊区域较迟。1923 年乌拉圭设立科洛尼亚自由贸易区，墨西哥设置了蒂华纳和墨西卡利两个自由贸易区。美国于 1936 年才创办了第一个自由贸易区，称之为对外贸易区。

截至第二次世界大战结束前，世界上有 26 个国家和地区共设立了 57 个以自由港和自由贸易区为主要内容的特殊区域。

第二阶段（20 世纪 50 年代至 70 年代中期），出口加工区出现并快速发展。

20 世纪 50 年代初，美国就明确提出可在自由贸易区发展以出口加工为主要目标的制造业。1959 年，爱尔兰政府在香农机场附近划出 830 多公顷的土地作为自由加工区，专供外资厂商开展出口加工业务。

20 世纪 60 年代后期，一些发展中国家也开始利用这一形式，并将它建设成为特殊的工业区，逐步发展成为出口加工区。1966 年，中国台湾创办了高雄出口加工区，是亚洲第一个出口加工区，而且是世界上第一个正式以“出口加工区”命名的出口加工区。随后出现的出口加工区还有印度的坎德拉、菲律宾的巴丹、多米尼加的拉罗马纳、波多黎各的马亚圭斯、巴西的马瑙斯等。

20 世纪 70 年代开始，出口加工区蓬勃兴起，风行亚、非、拉、中东 40 多个国家和地区。亚洲有韩国的马山和里里、中国台湾的楠梓和台中、斯里兰卡的卡图纳亚克、印度的圣克鲁斯以及马来西亚的孙加卫、柏夏利柏斯和普赖等；中东及地中海地区有埃及的开罗纳赛尔区、亚历山大、苏伊士和塞得港，约旦的亚喀巴，叙利亚的阿德拉、拉塔基亚、塔尔图斯、阿勒颇和德拉；非洲有多哥的洛美、利比里亚的蒙罗维亚、塞内加尔的达喀尔等；拉丁美洲有多米尼加的圣佩德罗、马科内斯和圣地亚哥，海地的太子港，牙买加的金斯敦港，伯利兹的利兹港，萨尔瓦多的圣巴托洛，危地马拉的圣·托斯·德·卡斯蒂利亚，洪都拉斯的科特斯港，尼加拉瓜的拉斯梅塞斯，智利的伊基克，哥伦比亚的巴兰基利亚、莱蒂西亚、布埃纳文图拉、帕尔巴斯卡、库库塔、圣玛尔塔、圣安德烈斯和卡塔赫纳；此外，太平洋岛屿西萨摩亚于 1977 年也建立了出口加工区。

除澳洲大陆外，20 世纪 70 年代出口加工区几乎遍布全世界。据不完全统计，截至 1980 年，全世界出口加工区有 70 多个，分别设在 40 多个发展中国家和地区。

第三阶段（20 世纪 70 年代末至今），世界特殊区域向科学化和综合化发展。

20 世纪 70 年代末 80 年代初，在席卷全球的科技革命浪潮的冲击下，许多出口加工区开始向技术知识密集型发展。以转口和进出口贸易为主的自由贸易园区和以出口加工为主的自由贸易园区就开始相互融合，自由贸易园区的功能趋向于综合化。原料、零部件、半成品和成品都可以在区内自由进出，在区内可以进行进出口贸易、转口贸易、保税仓储、商品展销、制造、拆装、改装、加标签、分类、与其他货物混合加工等商业活动。

日本 1983 年通过一项《高技术工业集约地促进开发法》，设立了 14 个“技术城”特别开发区。此外，还有英国的“剑桥科学公园”、法国的“索菲亚·安蒂波利斯科学城”、加拿大渥太华—卡尔顿地区的“北硅谷”。自20世纪80年代以来，科学工业园在一些新兴工业化国家和地区发展迅猛，如中国台湾的新竹科学工业园区、新加坡肯特岗科学工业园等。就目前来看，对于发展中国家和地区而言，科学工业园区的兴起仅仅是个开始，它的出现预示着一种新的趋势。

20世纪80年代以来，许多国家的自由贸易区积极向高技术、知识和资本密集型发展，形成“科技型自由贸易区”。创办较早的综合型特殊区域有新加坡的裕廊工业区、巴西的马瑙斯自由贸易区、印度尼西亚的巴浩岛自由贸易区。此外还有印度尼西亚巴塔姆免税贸易区、日本琉球群岛的那霸港自由贸易区、马来西亚拉布安岛避税港和伊朗的克什姆、基什两个岛屿自由区都是20世纪80年代以来新出现的综合性特殊区域。

随着世界经济的全球化，特殊区域开始向跨国化、跨境化方向发展，如从20世纪末起出现了欧洲自由贸易区、北美自由贸易区、东盟自由贸易区、美洲自由贸易区、非洲东南部自由贸易区、中国与东盟自由贸易区等。

当今自由贸易区的发展形势非常迅猛，在全球范围内数量已经达到数十个，范围遍及各大洲，已成为区域经济一体化的主要形式之一。据不完全统计，截至2013年全球已有1200多个自由贸易区，其中15个发达国家设立了425个，占35.4%；67个发展中国家共设立775个，占64.6%。随着数量的持续增长，自由贸易区的功能也在不断拓展，多数自由贸易区通常都具有进出口贸易、转口贸易、仓储加工、商品展示、金融等多种功能，这对于提高自由贸易区的运行效率与抗风险能力具有重要作用。

二、发展格局

随着时间的推移，自由贸易区的概念已较成立时发生了极大变化。由于世界贸易和运输的发展，特别是港口交通和运输效率的提高，自由贸易区发生了实质性的变化。作为商业政策和发展经济的一项工具，自由贸易区经过发展，已经适应了不同地区的状况和条件，不断满足经济发展和市场的新需求。

1. 自由贸易区数量不断增加

近50年来，作为吸引外国直接投资的一项工具，自由贸易区在发达国家和发展中国家越来越受到重视。1970年，只有少数国家建立自由贸易区，发展至今，美国、荷兰、新加坡、日本、韩国、菲律宾等国家均成立了自由贸易区。这些特殊经济园区名称颇为复杂，包括自由港、国际航空港、转口区、自由区、自由贸易园区、自由带、免税贸易区等，虽然这些园区最初设立时的目的存在一定差异，在政策措施上也不尽相同，但都是为了实现某种程度的自由贸易发展。

2. 自由贸易区功能不断拓展

第二次世界大战之后，世界自由贸易区的功能开始从单一化走向多元化，特别是20世纪90年代以来，随着国际贸易自由化、市场全球化和新兴产业的不断兴起，自由贸易区呈现出全面、综合性的发展态势。自由贸易区的功能不断拓展到加工制作、贸易、物流、科技开发等领域，自由贸易区已经超越了地域、经济发展水平和经济制度的限制，从具有单一功能、以转口贸易和进出口贸易为主的初级水平，向具有贸易和生产、加工功能的中级水平迈进，并向具有多种功能、形成具有竞争优势的产业集群的高级水平迈进。

3. 自由贸易区政策不断深化

与自由贸易区的功能深化、业态日渐丰富相适应，自由贸易区政策也不断深化。其不再局限于贸易自由化，也向投资自由化、金融自由化和运输自由化的方向拓展和深化。以现代自由港的出现为标准，其功能非常完备，经济高度自由。我国要发展的自由贸易区就是这种功能综合、业态丰富、经济自由的自由贸易区。

三、发展趋势

第一，各类型特殊区域将继续多元并存，并逐步向功能综合型、技术集约化方向发展。世界经济发展的不平衡及各国经济全球化进程的差异化，使为适应国内外经济形势而创建的贸易型、加工型、综合型和科技型特殊区域均有其内在的发展规律和生命力，现有各类型特殊区域将继续多元化并存，但由于原有单一形态的贸易型和加工型特殊区域在发展过程中正面临着各种不利因素，尤其是经济全球化与知识经济的深化发展、国际市场竞争的日趋激烈，必然使特殊区域进一步向功能综合型、产业技术集约化方向发展。

第二，国际竞争的加剧，将使各国特殊区域的发展面临各种挑战。随着经济全球化进一步深化发展及国际竞争的加剧，在一定阶段世界特殊区域必将在数量和地域范围上进一步扩展，各国特殊区域之间在贸易、引资、科技、人才、信息等领域的激烈竞争将不可避免，甚至出现无效的过度竞争，各国特殊区域的发展将面临各种挑战。

第三，一国特殊区域与该国其他地区在追求自我发展的竞争中可能出现非协调发展的不和谐矛盾。一国各区域经济可以在竞争与合作中求得共同发展，但这有赖于市场的健全统一与发展战略的协调。然而实践中一国市场体系的不完善和地区间的封锁分割，加以发展战略的不协调，可能造成一国特殊区域与该国其他地区在追求自我发展中无序竞争，无法获得分工合作的利益和实现非均衡发展战略目标。

第四，经济全球化的进一步发展将从外部制约与压力上淡化或削弱特殊区域原有的主要依靠特殊政策发展的优势。经济全球化的深化发展内在地要求有公正的游戏规则和公平的竞争环境。随着一国经济参与经济全球化和国际国内接轨的进一步深化发展，支持特殊区域与其他地区经济发展的政策梯度必将缩小。各国特殊区域间的相互竞争也必将进一步缩小各国政策的运用空间。

第五，一国特殊区域跨国化发展的新趋势可能在一定阶段进一步得以强化。世界上的特殊区域大多数设立在一个国家的边境地区或沿海地区，但都属于一个国家主权管辖下的特别关税区。近年来，世界特殊区域出现了跨国发展的新现象。可以预期的是，随着经济全球化和现代化世界市场的进一步深化发展，特殊区域这种跨国化发展即国际经济一体化的新趋势必将进一步得以强化，从而产生越来越多的真正意义上的世界性特殊区域双边或多边的国际经济一体化形式。这是经济全球化和现代世界市场经济的深化发展在一定阶段的内在要求与必然产物（唐永红，2002）。

第六，自由贸易区的发展呈现出新的趋势。自由贸易区成为全球供应链的枢纽，服务贸易成为自由贸易区的新兴产业。随着经济全球化和自由化的进程日益加快，跨国性的物流及生产要素流通的规模得到空前的扩大。自由贸易园区已成为国际物流、资金流通的主导和先驱。全球跨国公司更是广泛地利用自由贸易区来分配资源，布局全球化的生产网络，建立全球化的配送中心，以实现生产力的全球布局。自由贸易区成为跨国公司实施全球化运筹管理，构建"购销全球化、订单电子化、服务专业化、物流无缝对接、生产零库存"为特点的全球供应链的重要节点。为更好地促进贸易的开展，除海关、外汇、商检、税务、银行、保险等服务机构，会计师事务所、审计师事务所、律师事务所、货运代理等中介机构开始进驻自由贸易区。同时，随着世界高端服务业在全球的转移，服务贸易成为自由贸易区的新兴产业，爱尔兰香农自由贸易区以提供数据支持和金融服务为特征，成为服务贸易发展的典范。

纵观自由贸易区或自由贸易港的发展历史，从其出现至今已有 400 多年历史。目前全世界建立了近千家具有自由贸易功能的特殊经济区，在其演进过程中，各国根据世界经济形势进行了不同的制度安排和设计，对我国自由贸易试验区建设具有重要借鉴意义。

第二节　世界自由贸易区建设经验与启示

一、全方位负面清单管理

自由贸易区采取所谓高标准的投资规则，第一是公平竞争的政策，第二是整个过程的准入前国民待遇和负面清单管理。负面清单制度，即在某一国政府通过签署国际条约的手段来制约外企对本国国民的不公待遇的行为；或者由外资企业单方面承诺将会把国民待遇延伸至资本准入阶段的规定。负面清单是理念上的重大突破，其管理模式的重点并不在于“负面”，而在于国家对国民待遇等“正面”义务的承担，在于将非歧视、市场化、贸易投资自由化等确立为基本原则，基于负面清单的准入前国民待遇要求是投资自由化进程中的核心议题。

（一）国际协定的负面清单管理

1. 德意志关税同盟

1834年，普鲁士领导并且建立的第一个超越国家性质的关税同盟——德意志关税同盟（Deutscher Zollverein），开始运用负面清单模式订立国际贸易条约，这是负面清单在国际贸易中的首次使用。加入这个同盟中的国家，一致同意开放所有除了列明不开放的港口，将市场的进出口贸易彻底解放。

2. 世界贸易组织（WTO）达成的协定

现代国际贸易协议中的负面清单制度经历了一个漫长的发展过程。二战后国际货物贸易秩序的谈判，从1947年一直持续到1994年，并签订了《关税及贸易总协定》（GATT，1994）。签字成员需要遵守《关税及贸易总协定》的关税减免和消除贸易壁垒的原则。不过这是以正面清单的方式进行，即列明减免关税的产品名单，不列明的则无承诺。几乎与GATT同步，另外两个贸易协议就在负面清单方式上取得了试验和突破：一是《北美自由贸易协定》（NAFTA，1994），覆盖美国、加拿大和墨西哥；二是WTO（从1995年起替代GATT）的《服务贸易总协定》（GATS，1995），囊括世界贸易组织成员。在达成某项贸易协定的路径选择上，用正面清单还是负面清单，是由参与谈判的成员决定的。美国主导的《北美自由贸易协定》完全使用负面清单。《服务贸易总协定》则是两种方式混合使用，正面清单指明开放的行业，负面清单标出各行业的市场准入限制和国民待遇承诺（黄庆平、袁始烨，2018）。

（二）区域协定的负面清单管理

1. 北美

在地区性协议中，北美大多采用了负面清单，只有1997年的东盟协议以及南美洲的“南方共同市场”（MERCOSUR）使用正面清单。1953年，美国与日本签署的《友好通商航海条约》以列举的方式对外国投资者在造船、公用事业等行业的国民待遇做出了例外规定，被认为是负面清单的雏形。此后，美国在其签订的双边投资协定（BIT）中采用列举形式表述负面清单。

1992年，美国与加拿大、墨西哥签署的《北美自由贸易协定》，在投资章节中以不符措施条款项下的固定格式列表附件形式表述负面清单，对应最惠国待遇、国民待遇和其他义务的例外措施。该列表附件作为协定的一部分，与协定具有同等法律地位。《北美自由贸易协定》负面清单的编制要素有：部门、产业分类编码、保留类型、政府级别、措施（即法律依据）。《北美自由贸易协定》规定的负面清单主要包含两个内容：现有不符措施的保留清单和未来可能追加实行新限制性措施的行业和领域。负面清单第一个内容强调的是负面清单的制度化，第二个内容则是授予东道国政府一定程度的灵活处置权以保护新兴或敏感的国内行业和领域。第二个内容是《北美自由贸易协定》负面清单管理模式的最大特色，但缔约成员国在实施相关政策时必须事前履行通知和磋商职责。

《北美自由贸易协定》对追加实行新限制性措施的规定：《北美自由贸易协定》建立准入前国民待遇与负面清单并行的贸易规则，要求缔约成员国在国内法中详细规定与“贸易规则中的国民待遇、最惠国待遇”存在要求不符的措施和限制开放的部门。尽管准入前国民待遇意味着给予外国资本更多的自由，但缔约成员国也没有失去对此的监管权，协定还规定在对外资实行国民待遇的同时，允许缔约成员国对这种待遇实行例外和保留。

《北美自由贸易协定》对过渡期的规定：墨西哥是该协定中唯一的发展中国家，与美国、加拿大等发达国家相比，其发展水平和经济实力差距较大，为此墨西哥在制定负面清单时引入了 10~15 年的过渡期安排。负面清单中的过渡期是指东道国可采取延后和分步骤的形式履行自身的规定义务。在过渡期内，政府通过权衡开放市场给特定行业和领域带来的负面影响、承受力变化和提升受影响行业和领域竞争力水平的可能性，灵活调整开放政策。待到过渡期结束之际，东道国最终会采取措施确保其国内情况符合承担的义务要求。

此后，美国对外签订的双边投资协定和含有投资章节的自由贸易协定（FTA）都采取了“非列入即开放”的负面清单模式，作为缔约一方向另一缔约方投资者开放本国市场的承诺方式。

2. 欧盟

与美国在服务贸易与投资领域倾向于以更为自由的“自上而下”或“负面清单”的方式制定相关条款，并倡导以“负面清单”为基础加速双边和多边投资谈判进程相比，欧盟主要采取“自下而上”或以“正面清单”

途径对外签署双边与多边投资协定，在这种方式下只有协定所涉及行业与政策措施承诺自由贸易，因此对于协定外行业、政策领域和敏感部门（视听服务业）具有较强灵活性（Gagne，2011）。

由于长久以来欧洲大多数国家在给予外资国民待遇时普遍采用准入后国民待遇模式，对外国投资者在东道国内投资开业的法律权利重视不够，在相当长的时期内，欧洲国家对外资管理并未引入负面清单模式。2016 年，欧盟与加拿大签署《全面经济与贸易协定》（CETA），这是欧盟作为单一主体对外签署的第一个含有投资规则及负面清单的自由贸易协定。CETA 第八章"投资"以"保留和例外"条款的形式，规定了欧盟和加拿大可以针对市场准入、业绩要求、国民待遇、最惠国待遇、高管和董事会项下义务采取不符措施。其负面清单的编制要素包括：部门、子部门、产业分类编码、保留类型、政府级别、措施（即法律依据）、描述（即具体管制要求）。对于欧盟而言，有的不符措施仅在欧盟某一成员国实施，如外商投资药品分销在斯洛文尼亚须经政府特许；有的不符措施在欧盟全部成员国实施，如外商投资废旧电池再生产，须在欧盟成员或欧洲经济区（EEA）成员设立公司。对于加拿大而言，仅附件一就不仅有针对加拿大联邦政府的不符措施负面清单，还有针对诸如安大略省、阿尔伯塔省等不同地方政府的 194 项不符措施负面清单。加拿大不同地方政府就其外资开放和外资监管，设计出与其地方经济发展相对应的各具特色的负面清单，这对我国具有参考价值。

欧盟对公共服务行业和战略性（新兴）产业开放的规定：随着欧盟《里斯本条约》在 2009 年底的生效，对外国直接投资的管理也被纳入欧盟贸易政策的管理范围。此后历次多边谈判，欧盟坚持在负面清单中列入公共服务行业，强调任何投资协定均允许缔约成员国政府自主认定公共服务行业。例如，规定在财政支持的教育、医疗等公共服务行业，缔约成员国可以不给予欧盟以外的投资者以国民待遇。此外，欧盟也重视对战略性（新兴）产业的保护，强调当兼并收购影响到公共安全、审慎原则时，缔约成员国政府可进行适度干涉。

从欧盟负面清单实施情况可知，它坚持了在有特殊利益的行业对域外投资者进行限制和管控。域外投资者设立企业应归属市场主体自治行为，但域外企业普遍追求利润最大化，不会考虑东道国（联盟）产业结构和区域结构是否合理的问题。如果遇到市场环境出现较大的不利调整，域外投资者往往会以撤资方式结束在东道国（联盟）的经营，这无疑会造成东道国（联盟）劳动者的失业和银行坏账损失。欧盟负面清单的实施经历也例证了任何一个国家（联盟）都不会在所有的行业平等地对待内资企业和域外企业，引导和管理域外投资者是促使其符合东道国（联盟）经济发展目标的主要措施。在发达经济体中，欧盟实施负面清单管理的时间较晚，它采纳了发展中国家对特殊行业和战略性（新兴）产业保留限制和管控的做法，这无疑为自由贸易港区战略性（新兴）产业负面清单的构建提供了启示和案例支持。

（三）其他自由贸易港区的负面清单管理

1. 中国香港自由贸易港

目前中国香港全境实行统一的贸易自由和投资自由等一系列自由港政策。香港现行法律没有规定任何行业和领域禁止港外投资者或私人参与，也没有对控股比例进行限制。在全部行业中，博彩业是政府严格管制的行业，另外对电子通信、广播、交通、能源、医药、金融等在内的多个行业，除商业登记外还要向政府相关行政部门单独申请经营牌照。除银行、保险等少数金融行业之外，香港特区政府也没有对需要申领经营牌照行业投资者的进入条件做出特别限定。

2. 新加坡自由贸易港

新加坡是首个推行负面清单模式的亚洲国家。在自由贸易港的管理上新加坡一直采用“正面清单”与“负面清单”相结合的模式（阮绍铨，

2016)。除国防相关行业和少数特定行业外，新加坡对外国投资者的进入不设任何进入限制，几乎所有的行业都向外国投资者完全开放。新加坡政府的例外规定包括：外国投资者进入金融行业之前需向政府相关行政部门备案，不允许外资银行进入银行零售业务市场，限定外资银行对本国银行的持股比率；外国投资者在新闻业、广播业的持股比率分别不得超过30%和49%。新加坡一直坚持实行贸易结算和贸易经营主体自由的政策，世界银行历年发布的全球营商环境报告评估显示其贸易便利化程度一直排名世界前列。

3. 迪拜国际金融中心

在阿联酋的众多自由贸易区中，发展最迅速也最引人注目的是迪拜国际金融中心（DIFC）。DIFC建筑占地110公顷，据不完全统计，国际上进入迪拜的热钱已经超过8000亿美元，有200多家来自世界各国的公司进驻。

DIFC内通过一系列立法、司法和监管的改革弱化了国家干预的程度。法律上废除了阿联酋和迪拜的民法和商法，只保留了刑事法律，建立了区内法院和仲裁院，当事人可以选择适用普通法，法官和仲裁员都有良好的普通法背景，这些做法无疑对外国投资者产生了巨大吸引力。DIFC的目标在于建立一个补充时区空白的金融中心，其任何规定并不受国际法层面的限制。DIFC内的银行按不同业务类型申请不同的牌照，且境外母行投资设立的分行有完全的法人资格，可以独立承担合同项下的义务，享受合同赋予的权利。由于阿联酋地区的财富持续增长，跨境贸易和投资活动十分活跃，企业间的并购活动日渐频繁，加之持续进行的国企、企业集团和私营企业的结构调整，引来大量的银行和金融机构入驻DIFC。DIFC的立法和监管体制允许银行开展商业银行业务、投资银行业务、贸易和出口融资、符合伊斯兰教法的银行业务以及代理银行业务等。

DIFC主要以金融业务为主，同时有配套的附属服务业务等。迪拜政府全面开放了银行、保险、资产管理、资本市场等模块。DIFC的负面清单用以规范的主体是已经在境内设立商业存在的实体，即对投资的限制集中在事后行为，主要规定外国投资者已在区内设立实体后不可发生哪些行为。这种事后监管既不与开放准入的主旨相违背，而且真正起到了保护本国经济秩序的目的。DIFC 在两道门的问题上非常大胆极端，第一道门大敞，第二道门紧闭。但外国投资者并未因第二道门而丧失投资兴趣，这种大尺度的开放保障了 DIFC 的投资不会受到国内法律和政治的过多干预，投资行为能享受到更多保障。

二、投资自由化及风险防范

透视世界自由贸易区（FTZ）的投资环境，高水平的便利化机制是保持其吸引力的关键，也是秘诀。各国为引进外资都给予其更加宽松的政策，国际投资呈现自由化趋势。

（一）自由贸易区的税收优惠

自由贸易区通常具有较强竞争力的优惠税收政策，主要表现为区内的税收水平普遍低于区外的税收标准，基本覆盖了货物关税、进口环节增值税、消费税以及企业所得税、营业税等诸多方面的税种。除了通常的关税豁免，其他税制优惠设计取决于一国本身的经济依赖性。如发达国家经济实力较强，对外向型经济的依赖性较弱，税收优惠相对较少；而发展中国家实力弱，吸引外资的目的性较强，税收优惠政策较多，个别国家还对流转税如消费税豁免。

例如，美国对自由贸易区的进区货物免除关税，免征地方税，园区内加工制造产品的增值部分免于缴纳增值税，等等。巴拿马科隆自由贸易区对进出园区的货物免除进出口环节税，并且对于区内企业所得税采用的 2.5%~8.5%累进制税率也大幅度低于区外 30%~40%正常税率。同样，智利伊基克自由贸易区免除区内公司所得税、增值税以及地方税。中国香港实行

“零关税”和简单低税率政策。除了酒类、烟草、碳氢油类及甲醇等4类商品外，一般进口或出口货物均无须缴付任何关税。税种少，不设增值税和营业税，境外所得利润也不纳税，主要征收利得税、薪俸税和物业税等3种直接税；税率低，利得税的税率分别为16.5%（适用于有限公司）和15%（适用于非有限公司），低于世界上大多数国家和地区的税率。根据世界银行《2015年营商环境报告》，在中国香港企业应税总额占利润的比重为22.8%，远低于报告中128个经济体的平均43.1%的水平。

（二）高效的监管制度

自由贸易区的设立对于政府监管提出了特殊的要求，需要针对“境内关外”的特点来构建相应的监管制度。各国和地区的自由贸易区其相关制度不尽相同，但都十分重视对有效竞争环境的维护。自由贸易区是一个规范的自由市场，需要有效竞争的市场环境，通过构建反垄断的市场竞争法体制是基本的做法，主要涉及垄断行为的认定和法律责任，但在具体的实践中会对制度的成本效率、行政效率和法律确定性进行权衡，各个成熟市场经济体有一些不同的做法。欧盟的市场竞争体制中的一些做法值得参考，比如轻微影响通知、集体豁免、最佳实践、口头宽大处理陈述、竞争中立等。

香港特区对外来投资实行“国民待遇”，依据《公司法》《银行条例》等法律法规管理公司，规范和约束公司行为。除了法制管理外，香港还通过同业公会和商会之类的民间组织进行自律。

新加坡的企业完成注册后的日常监管，如劳工保护、知识产权、环境保护等方面的监管完全依靠完善的法律体系来进行，政府不对企业进行常规的行政管理。新加坡实行年报制度，企业需要在股东大会召开后一个月内按照规定提交年报表，同时提交经过审计的财务报表。政府对企业经营情况的了解主要来自企业年报。

美国大多数对外贸易区的投资监管基本制度主要由登记备案制度和安全审查制度两大块构成。兼并收购监管审查制度规定，并购行为主体在申报要求时间内应向监管机构申报并接受监管收购行为审查。相关国家管理机构可以依据管理法规对外资项目进行安全审查。监管模式主要采取相关法规约束和工作委员会监督相结合的方式。

欧洲的自由贸易区对内外资无歧视地使用相同法律。完成收购兼并行为时，公司合并年度收入超出规定区间，则进行公平竞争审核流程。法国和德国重视市场份额及实际控制能力，英国则更注重公共利益。监管模式主要基于产业发展政策与反垄断法，结合公司法、外资监管等做法，附带参考社会劳动保障条例等。

（三）宽松开放的投资环境

自由贸易区的设立为投资便利化提供了一个有效的平台，各国和地区的自由贸易区多从投资鼓励和市场准入着手促进投资，由此带动所在国家和地区的经济增长与繁荣。

投资鼓励政策包括信贷支持、补贴资助、加速资本折旧、提供税收信用、保障资金安全等。比如荷兰鹿特丹对风险较大的投资项目提供技术发展信贷。新加坡在规定的时间内为合格的设备提供资金补助。智利自贸区规定对新资产和使用固定资产增加劳动生产率所花费的投资费用实行高达33%比率的加速折旧。加纳政府保证在自贸区内对外资企业不实行国有化和征收政策。纽约自贸区运用税收信用等激励措施，主要有对经纪行业的设备或楼房、影视产业资产等某些符合规定的资产投资，对初始投资额3.5亿美元的5%提供投资税收信用，超过该部分提供4%的投资税收信用；拥有研发部分的投资税收信用率为9%；对享受税收信用的雇主提供就业激励贷款。

外资市场准入方面则主要有扩大允许投资的范围、减少投资限制、对外资实行国民待遇等。中国香港除需要受到政府监督的行业外，海外资产可以在各个行业进行投资，外商可以自由来港投资；荷兰鹿特丹保税仓库除提供外汇情况报告外，外国公司在当地投资不受特殊限制；新加坡则完全放开商业、外贸、租赁、直销广告、电信市场等领域。阿联酋迪拜自由贸易港允许外资100%独资，不受阿联酋公司法规定的外资49%、内资51%条款限制；中国香港本地资本也可以通过各种方式向海外发展，无须政府批准。荷兰鹿特丹保税港区允许外国公司投资当地任何部门，并且在法律上与当地公司享有同等权利，在业务活动、公司地址和房地产所有权上也不受任何限制。

此外，外商投资的市场准入方面的负面清单管理是大多数国家和地区开放国际投资时通行的做法，也直接作用于自贸园区的投资管理政策。一般而言，市场化程度越高的经济体，其负面清单管理中所涉及的限制越少，甚至没有负面清单。精简的负面清单及其管理在一定程度上会促进外商投资，简化外商投资的准入程序，减少投资成本。

三、运行管理模式创新

世界各国在自由贸易区的运行管理中，一方面充分借鉴其他国家的成功经验，在模式上具有一定共性；另一方面也充分考虑自身的优势和特点进行了创新和改良，具有一定的差异性。对世界著名自由贸易港区的运行管理模式进行对比分析，可以为我国自贸试验区建设提供借鉴。

（一）外汇管理模式

自由、开放的外汇管理和金融安排是全球自由贸易区的通行做法，即实施宽松的外汇管制，资金可以自由出入，外汇兑换自由，外汇结算便利，在金融资本项开放、外汇账户设立、收付汇便利、离岸支付结算等方面给予外汇便利，由此促进贸易和投资的发展等。

新加坡奉行金融自由化制度，从1968年起逐步放松对外汇的管制，到1978年6月1日全面取消外汇管制，彻底放开外汇市场。新加坡樟宜自由贸易区具备自由宽松且开放的外汇管理制度，外汇进出自贸区没有任何限制。

荷兰鹿特丹港自贸区具备相对宽松的外汇管理制度，无外汇管制限制，外汇可以自由进出园区。涉及进出口业务的外汇交易不需要领取特别的许可证。外国投资者开设其他外汇账户不受外汇管制的限制，但企业有义务向荷兰国家银行提供境外资金往来报告。

德国汉堡自贸区施行货币自由兑换制度，企业或个人可以自由交易和持有外汇，同时外汇进出园区也不存在任何限制。

中国香港没有外汇管制，各种货币可以自由兑换，资金进入没有限制，股利、专利权费用、利息等利得及其他收入可以自由转移到其他国家和地区。

（二）金融管理模式

从实施自由贸易区的国家和地区的实践来看，自贸区的金融环境相对于非自贸区要更开放一些。当然，有些国家和地区的金融环境本身就比较开放与自由，这与其金融制度的发展和性质有关。

如新加坡的金融市场就经历了由内外分离到内外一体的转变过程，金融市场开放程度较高，能为企业提供全方位的金融服务。在1997年亚洲金融危机之后，新加坡逐步从一个强调管制、注重风险防范的市场，演变成以信息披露为主、鼓励金融创新的金融中心。新加坡的离岸金融市场也从分离型市场逐步转变为一体型市场，放开了对资金进出的管制，资金可自由流出流入。

美国对外贸易区中最大的纽约港在区内放松金融管制，实行金融自由化。具体内容包括：放宽或取消对银行存款利率的限制；减少或取消对银行贷款规模的直接控制；允许更广泛的业务交叉；允许更多新金融工具的使用和新金融市场的设立；放宽对外国金融机构经营活动的限制及对本国金融机构进入国际市场的限制，减少外汇管制。

中国香港自由贸易港的金融市场投资融资服务便利，资金汇兑和信息流通自由便捷。证券市场自由开放，外国公司或个人只需在港内开立证券账户即可随时交易，国际投资者可自由买卖在香港公开发行的债券，境外借款人也可以利用本地债券市场进行融资。外汇市场上港币和外币可以完全自由兑换。从 1982 年起取消了对外币存款的利息税，鼓励外币流入。1983 年又免除了港币的存款利息税。1984 年撤销了对黄金的进口禁令，使黄金在香港能够完全自由进出口、自由买卖，使得香港迅速发展为世界重要的黄金市场。在香港开办和经营金融企业相对自由，没有对外资银行的特殊限制，基本上所有国际大银行在香港都设有分行，香港 50%以上的银行业务属于国际性交易，涉及全球近百个国家。“关键金融活动直接干预，特殊、非常态金融问题采取临时干预”的模式，能有效地抑制金融投机和控制金融风险，控制金融中的特殊、非常态问题，确保经济金融的市场化发展。

（三）海关监管模式

自由贸易区主要通过施行货物分类监管、企业分级监管、信息化管理制度、直通程序及周报关制度等监管手段，实现“一线自由放开、二线有效管住、区内自由”的监管理念。一般遵循如下监管原则：一是强化进入国内市场货物的卡口监管，严惩走私行为；二是货物入区备案，区内储存不监管，出区核销；三是简化报关手续，实行电子管理，使货物进出方便快捷；四是免征关税。

荷兰鹿特丹港自贸区海关对园区企业进行分类，颁发不同等级的许可证书，不同等级的企业所能享受的进出口通关手续的简化程度不同。园区海关

Sagitta系统建立在国际上通用的EDI系统基础上，不仅具有自动审单和风险布控功能，还可以以EDI方式完成申报、付税、放行等一系列海关监管流程。

美国迈阿密对外贸易区在货物分类上，按货物状态分为优惠的国外状态、园区受制状态、非优惠的国外状态和国内状态，并给予不同的通关待遇，有效提升了对园区进出口货物的监管效率。园区海关对区内监管货物由传统的逐票逐单核查改为通过审计与核查并用方式的后续监管，与区外货物3%~5%的海关现场查验率比较，凸显出区内海关审计核查制度的优越性。进出口企业申请获批直通关程序的货物，靠抵任何口岸均可直接以保税方式进入区内，节约运输时间1~2天。由区内运往区外的货物可以申请每周集中申报一次，有效减少了繁琐的报关程序。

阿联酋迪拜自由贸易港推行一站式统一管理，在其港口内，海关、银行、邮电、交通运输、安全等相关行政服务部门实行统一管理、统一办公，取消了平行多头机构，可在24小时内办妥。

新加坡贸易方面除了极少数商品外，几乎完全没有限制。海关通关手续和程序都较为简单便捷，自贸区内货物的卸货时间约为4~6个小时，大型快递公司货物从卸货到运出自由贸易区所需时间仅为1个小时。

中国香港报关制度十分便利，属于典型的“先入关、后报关”的便利海关管理模式，为一些进出口货物提供暂准进口服务，颁发暂准进口凭证；通关制度便利，通过电子途径提前交付提单数据，省却了传统印发纸质“禁止移离物品通知单”的复杂现时程序。

四、物流航运体系建设

综观世界上运营良好的自由贸易港区，都离不开良好物流条件的有力保障，通常都交汇了海陆空各种运输方式。良好的物流分拨对解决货物拥挤情况极其重要，对自贸港区的运输效率有着很大影响。特别是港口型自贸区，港口对集装箱的吞吐能力是衡量其世界竞争力的重要标准。发达的临港工业是港口最直接、最有保证的货源，规划合理的港口工业建设也是港口型自贸区基础设施建设的重要组成部分。现代化的自由贸易港要求具备完善的海陆空立体集疏运网络系统以及多种运输方式集聚的综合运输网络，确保港口的综合交通枢纽功能。

（一）贸易便利化

从各国（或地区）自由贸易区的实践来看，区内的各项商务活动如仓储、加工、贸易、商品展示等都享有充分的自由。如中国台湾地区的自由贸易港区内，24 小时无海关，厂商高度自主管理。但是，在自贸区与自贸区所在国国境之间货物流通则会施以相关的管理，这些管理措施虽然不尽相同，但是大体上是朝着手续简化、便利交易的方向发展的。如设立较早的爱尔兰香农自贸区在贸易便利化方面的措施包括：对部分货物免除入境报关手续；建立电子海关系统，成员国制定统一监管标准；信息共享、多部门协作；授权的经营者制度，即在欧盟境内符合一定条件的经营者，可以获得“授权的经营者”资格，该资格在欧盟所有成员国内有效，并将享有更大程度的海关手续减免和其他便利条件。

（二）基础设施建设

基础设施为自贸区提供配套服务，反过来也可能制约或促进自贸区的发展。优越的基础设施能够提升自贸区的竞争力，引领周边区域的转型升级，是自贸区建设中不可忽视的重要环节。比如迪拜政府在迪拜自由港的基础设施方面进行了大量的投入，包括交通、通信和高速数据传输。区内除有空地可供出让外，还可向投资者出租建成的办公室、厂房和仓库。自贸区管理局可以直接向投资者颁发营业执照，还提供行政管理、工程、能源供应和投资咨询等多种服务。

各国空港自贸区均以航空货运为核心，拓展转运、制造、贸易等功能，呈现出国际集散枢纽、国际贸易中心、国际工贸城、综合航空城等功能导向。其周边设施也以仓储物流设施为基础，集聚了一系列生产服务设施和生活服务设施。比如韩国仁川国际机场自贸区定位为综合航空城，依托航空物流产业，集聚国际贸易、休闲旅游和生态居住功能，并提供完善的物流、商务、旅游、休闲和生活等设施。周边公共服务设施包括国际商务中心 IBC、水上休闲南水盆地以及高尔夫球场等。此外，仁川机场通过磁悬浮列车将自贸区周边人流密集的国际商务中心，与城市中心便捷连接起来。仁川机场周边的永宗医学中心，借助医疗器械每年吸引约 3 万人次的医疗旅游客流。

迪拜机场自贸区为国际工贸城，兼顾出口加工和转口贸易功能，公共服务设施主要围绕生产和贸易开展，提供国际化的生产服务设施和生活服务设施。区域周边提供的基础设施是世界级水平的，其中既有商务中心、会展演示、IT 支援、行政支援、银行信贷等专业服务，也有移民、海关、商会、牌照及登记等政府服务，还有餐饮、咖啡美食广场、旅行社、诊所、汽车租赁、休闲娱乐、银行、班车、清洁维修以及邮政等生活服务设施。

（三）新技术应用

随着转口、加工、贸易等功能在自贸区内逐步融合，除了仓储、制造加工、物流转运等产业外，会展、研发、咨询、信息、金融等产业逐步集聚，甚至还有向健康、生态、旅游领域的拓展，这些新兴行业的注入带动了一批新技术在自贸区内的推广应用。

最为典型的就是运用信息技术，通过信息平台对自贸区大量的货物贸易信息进行迅速跟踪、反馈。在新加坡自贸区，通关时利用贸易网（TradeNet）

综合处理所有国际贸易事务，贸易网 24 小时运行，自动接收、处理、批准和返还企业申报的电子数据，大大减少了政府和企业在通关过程中的成本。韩国仁川则利用 UNI-PASS 实现在线快易清关，提供一站式全天候实时服务。

第三章　我国自由贸易试验区建设成效与特色

建设自由贸易试验区（以下简称自贸区）是党中央、国务院在新形势下全面深化改革和扩大开放的战略举措，承担着为改革开放探索新途径、积累新经验的任务。习近平总书记要求“把自由贸易试验区建设成为新时代改革开放的新高地”。我国自由贸易试验区成立时间较短，从2013年至今，从上海到海南，从东部沿海到西部内陆，再到沿边地区，我国自由贸易试验区已经形成了“1+3+7+1+6”雁阵引领的开放新格局，着力构建面向国际的自贸区网络，为我国推进供给侧结构性改革、为国家开放和治理能力建设、打造区域发展高地积累了一批可复制可推广的创新经验（见表3-1）。

第一节　我国自由贸易试验区建设和实践的主要特征

从发展实践来看，中央分批设立试点，推进自贸区有序发展，实现了三大突破：一是实现了个别试点的独领风骚到试点东西统筹布局、遍地开花的突破；二是实现了试点先试先行到试点经验全国复制推广的突破；三是实现了自贸区探索到自贸区改革到中国特色自贸港探索的逐步升级。

表 3-1　我国 18 个自贸区的总体方案比较

自贸区	获批时间（批次）	战略定位	发展目标	区域布局	产业功能特色	区域功能特色
上海	2013 年 9 月（第一批）	建设成为投资贸易自由、规则开放透明、监管公平高效、营商环境便利的国际高标准自由贸易园区	形成促进投资和创新的政策支持体系，着力培育国际化和法治化的营商环境，力争建设成为具有国际水准的投资贸易便利、货币兑换自由、监管高效便捷、法制环境规范的自由贸易试验区	外高桥综合保税区、外高桥保税物流园区、洋山保税港区、浦东机场综合保税区	大力发展总部经济和新型贸易形态，加快探索资本项目可兑换和金融服务业全面开放，探索建立货物状态分类监管模式	为我国扩大开放和深化改革探索新思路和新途径，更好地为全国服务
	2015 年 12 月（扩区）	率先在构建开放性经济新体制、探索区域经济合作新模式、建设法治化营商环境等方面挖掘改革潜力	形成与国际投资贸易通行规则相衔接的制度创新体系，力争建设成为开放度最高的投资贸易便利、货币兑换自由、监管高效便捷、法制环境规范的自由贸易园区	上海外高桥保税区、上海外高桥保税物流园区、洋山保税港区、上海浦东机场综合保税区、陆家嘴金融片区、金桥开发片区、张江高科技片区	金融贸易、先进制造、科技创新等重点功能承载区的辐射带动作用	成为我国进一步融入经济全球化的重要载体，推动“一带一路”建设和长江经济带发展，更好地发挥示范引领、服务全国的积极作用
	2019 年 8 月（临港新片区）	打造更具国际市场影响力和竞争力的特色经济功能区，主动服务和融入国际重大战略，更好服务对外开放总体战略布局	到 2025 年，建立比较成熟的投资贸易自由化便利化制度体系，打造一批更高开放度的功能型平台，集聚一批世界一流企业，区域创造力和竞争力显著增强，经济实力和经济总量大幅跃升；到 2035 年，建成具有较强国际市场影响力和竞争力的特殊经济功能区，形成更加成熟定型的制度成果，打造全球高端资源要素配置的核心功能，成为我国深度融入经济全球化的重要载体	临港地区南部区域、小洋山岛区域、浦东国际机场南侧区域	发挥开放型制度体系优势，推动统筹国际业务、跨境金融服务、前沿科技研发、跨境服务贸易等功能集聚，强化开放型经济集聚功能。加快存量企业转型升级，整体提升区域产业能级	带动长三角新一轮改革开放

续表

自贸区	获批时间（批次）	战略定位	发展目标	区域布局	产业功能特色	区域功能特色
天津	2015 年 4 月（第二批）	建设成京津冀协同发展高水平对外开放平台、全国改革开放先行区和制度创新试验田、面向世界的高水平自由贸易园区	建设成为贸易自由、投资便利、高端产业集聚、金融服务完善、法制环境规范、监管高效便捷、辐射带动效应明显的国际一流自由贸易园区	天津港片区、天津机场片区、滨海新区中心商务区	重点发展航运物流、国际贸易、融资租赁等现代服务业；航空航天、装备制造、新一代信息技术等高端制造业和研发设计、航空物流等生产性服务业；以金融创新为主的现代服务业	在京津冀协同发展和我国经济转型发展中发挥示范引领作用
广东	2015 年 4 月（第二批）	依托港澳、服务内地、面向世界，建设成为粤港澳深度合作示范区、21 世纪海上丝绸之路重要枢纽和全国新一轮改革开放先行地	构建开放型经济新体制，实现粤港澳深度合作，形成国际经济合作竞争新优势，力争建成符合国际高标准的法制环境规范、投资贸易便利、辐射带动功能突出、监管安全高效的自由贸易园区	广东南沙、深圳前海蛇口、珠海横琴	重点发展航运物流、特色金融、国际商贸、高端制造等产业，发展金融、现代物流、信息服务、科技服务等战略性新兴服务业，旅游休闲健康、商务金融服务、文化科教和高新技术等产业	促进内地与港澳经济深度合作，为全面深化改革和扩大开放探索新途径、积累新经验，发挥示范带动、服务全国的积极作用
福建	2015 年 4 月（第二批）	围绕立足两岸、服务全国、面向世界的战略要求，建设成为改革创新试验田、深化两岸经济合作的示范区，建设 21 世纪海上丝绸之路核心区，打造面向 21 世纪海上丝绸之路沿线国家和地区开放合作新高地	建成投资贸易便利、金融创新功能突出、服务体系健全、监管高效便捷、法制环境规范的自由贸易园区	福州片区、厦门片区、平潭片区	开展国际贸易、保税加工和保税物流等业务；推动金融制度创新，积极发展现代服务业和高端制造业	为深化两岸经济合作探索新模式，为加强与 21 世纪海上丝绸之路沿线国家和地区的交流合作拓展新途径

续表

自贸区	获批时间（批次）	战略定位	发展目标	区域布局	产业功能特色	区域功能特色
辽宁	2017年3月（第三批）	建设成为提升东北老工业基地发展整体竞争力和对外开放水平的新引擎	引领东北地区转变经济发展方式、提高经济发展质量和水平	大连片区、沈阳片区、营口片区	推动东北亚国际航运和物流中心建设、建设具有国际竞争力的先进装备制造业基地、深化国资国企改革、促进产业转型升级、发展生产性服务业	加强东北亚区域开放合作、构建连接亚欧的海陆空大通道
浙江	2017年3月（第三批）	建设成为东部地区重要海上开放门户示范区、国际大宗商品贸易自由化先导区和具有国际影响力的资源配置基地	以油品为核心的大宗商品全球配置能力显著提升，对接国际标准初步建成自由贸易港区先行区	舟山离岛片区、舟山岛北部片区、舟山岛南部片区	推动油品全产业链投资便利化和贸易自由化，建设国际一流的绿色石化基地、建设国际油品储运基地、建设国际油品交易中心、发展保税燃料油供应服务	建设成为东部地区重要海上开放门户示范区
河南	2017年3月（第三批）	成为服务于"一带一路"建设的现代综合交通枢纽、全面改革开放试验田和内陆开放型经济示范区	引领内陆经济转型发展，推动构建全方位对外开放新格局	郑州片区、开封片区、洛阳片区	打造多式联运国际性物流中心、构建国际文化贸易和人文旅游合作平台、打造服务贸易创新发展区和文创产业对外开放先行区、打造国际智能制造合作示范区、促进国际医疗旅游产业融合发展	增强服务"一带一路"建设的交通物流枢纽功能
湖北	2017年3月（第三批）	建设成为中部有序承接产业转移示范区、战略性新兴产业和高技术产业集聚区、全面改革开放试验田和内陆对外开放新高地	在实施中部崛起战略和推进长江经济带发展中发挥示范作用	武汉片区、襄阳片区、宜昌片区	重点发展战略性新兴产业、高端装备制造和现代服务业、加快建设长江中游航运中心和国际物流枢纽	促进中部地区和长江经济带产业转型升级，促进区域产业转型升级和绿色发展

续表

自贸区	获批时间（批次）	战略定位	发展目标	区域布局	产业功能特色	区域功能特色
重庆	2017年3月（第三批）	建设成为“一带一路”和长江经济带互联互通重要枢纽、西部大开发战略重要支点	建成服务于“一带一路”建设和长江经济带发展的国际物流枢纽和口岸高地，推动构建西部地区门户城市全方位开放新格局，带动西部大开发战略深入实施	两江片区、西永片区、果园港片区	打造高端产业与高端要素集聚区、推动加工贸易转型升级示范区、构建多式联运国际物流体系	推进“一带一路”和长江经济带联动发展、推动长江经济带和成渝城市群协同发展
四川	2017年3月（第三批）	建设成为西部门户城市开发开放引领区、内陆开放战略支撑带先导区、国际开放通道枢纽区、内陆开放型经济新高地、内陆与沿海沿边沿江协同开放示范区	在打造内陆开放型经济高地、深入推进西部大开发和长江经济带发展中发挥示范作用	成都天府新区片、成都青白江铁路港片区、川南临港片区	建设国家重要的现代高端产业集聚区、创新驱动发展引领区、开放型金融产业创新高地、商贸物流中心和国际性航空枢纽	打造内陆地区联通丝绸之路经济带的西向国际贸易大通道重要支点
陕西	2017年3月（第三批）	建设成为全面改革开放试验田、内陆型改革开放新高地、“一带一路”经济合作和人文交流重要支点	推动“一带一路”建设和西部大开发战略的深入实施	西安中心片区、西安国际港务区片区、杨凌示范区片区	重点发展战略性新兴产业和高新技术产业，打造面向“一带一路”的高端产业高地、人文交流高地、国际中转内陆枢纽、现代农业国际合作中心	扩大与“一带一路”沿线国家经济合作，推动西部大开发战略深入实施
海南	2018年10月（第四批）	发挥海南岛全岛试点的整体优势，实行更加积极主动的开放战略，加快构建开放型经济新体制，推动形成全面开放新格局，把海南打造成为我国面向太平洋和印度洋的重要对外开放门户	努力建成投资贸易便利、法治环境规范、金融服务完善、监管安全高效、生态环境质量一流、辐射带动作用突出的高标准高质量自贸试验区，为逐步探索、稳步推进海南自由贸易港建设，分步骤、分阶段建立自由贸易港政策体系打好坚实基础	海南岛全岛	以发展旅游业、现代服务业、高新技术产业为主导，开展以投资贸易自由化便利化为主要内容的制度创新，主要开展国际投资贸易、保税物流、保税维修等业务	服务和融入“一带一路”建设、海洋强国、军民融合发展等国家重大战略

续表

自贸区	获批时间（批次）	战略定位	发展目标	区域布局	产业功能特色	区域功能特色
海南	2020年6月（升级）	建设具有国际竞争力和影响力的海关监管特殊区域，将海南自由贸易港打造成为引领我国新时代对外开放的鲜明旗帜和重要开放门户	到2025年，初步建立以贸易自由便利和投资自由便利为重点的自由贸易港政策制度体系；到2035年，自由贸易港制度体系和运作模式更加成熟，成为我国开放型经济新高地；到本世纪中叶，全面建成具有较强国际影响力的高水平自由贸易港	海南岛全岛	大力发展旅游业、现代服务业和高新技术产业，推动旅游与文化体育、健康医疗、养老养生等深度融合；发展信息产业；围绕生态环保、生物医药、新能源汽车、智能汽车等壮大先进制造业；建设全球热带农业中心和全球动植物种质资源引进中转基地	加强与东南亚国家交流合作，促进与粤港澳大湾区联动发展
山东	2019年8月（第五批）	加快推进新旧发展动能接续转换、发展海洋经济，建设成为新时代改革开放的新高地	建成贸易投资便利、金融服务完善、监管安全高效、辐射带动作用突出的高标准高质量自由贸易园区	济南片区、青岛片区、烟台片区	重点发展人工智能、产业金融、医疗康养、文化产业、信息技术等产业；重点发展现代海洋、国际贸易、航运物流、现代金融、先进制造等产业；重点发展高端装备制造、新材料、新一代信息技术、节能环保、生物医药和生产性服务业	深化中日韩区域经济合作
江苏	2019年8月（第五批）	着力打造开放型经济发展先行区、实体经济创新发展和产业转型升级示范区	形成更多有国际竞争力的制度创新成果，推动经济发展质量变革、效率变革、动力变革，努力建成贸易投资便利、高端产业集聚、金融服务完善、监管安全高效、辐射带动作用突出的高标准高质量自由贸易园区	南京片区、苏州片区、连云港片区	南京片区建设具有国际影响力的自主创新先导区、现代产业示范区和对外开放合作重要平台；苏州片区打造全方位开放高地、国际化创新高地、高端化产业高地、现代化治理高地；连云港片区建设亚欧重要国际交通枢纽、集聚优质要素的开放门户、“一带一路”沿线国家（地区）交流合作平台	推动“一带一路”交汇点建设，推动长江经济带和长江三角洲区域一体化发展

续表

自贸区	获批时间（批次）	战略定位	发展目标	区域布局	产业功能特色	区域功能特色
广西	2019年8月（第五批）	发挥广西与东盟国家陆海相邻的独特优势，着力建设西南中南西北出海口、面向东盟的国际陆海贸易新通道，形成21世纪海上丝绸之路和丝绸之路经济带有机衔接的重要门户	形成更多有国际竞争力的制度创新成果，推动经济发展质量变革、效率变革、动力变革，努力建成贸易投资便利、金融服务完善、监管安全高效、辐射带动作用突出、引领中国—东盟开放合作的高标准高质量自由贸易园区	南宁片区、钦州港片区、崇左片区	南宁片区重点发展现代金融、智慧物流、数字经济、文化传媒等现代服务业，大力发展新兴制造产业；钦州港片区重点发展港航物流、国际贸易、绿色化工、新能源汽车关键零部件、电子信息、生物医药等产业；崇左片区重点发展跨境贸易、跨境物流、跨境金融、跨境旅游和跨境劳务合作	构建面向东盟的国际陆海贸易新通道，形成“一带一路”有机衔接的重要门户
河北	2019年8月（第五批）	着力建设国际商贸物流重要枢纽、新型工业化基地、全球创新高地和开放发展先行区	努力建成贸易投资自由便利、高端高新产业集聚、金融服务开放创新、政府治理包容审慎、区域发展高度协同的高标准高质量自由贸易园区	雄安片区、正定片区、曹妃甸片区、大兴机场片区	雄安片区重点发展新一代信息技术、现代生命科学和生物技术、高端现代服务业等产业；正定片区重点发展临空产业、生物医药、国际物流、高端装备制造等产业；曹妃甸片区重点发展国际大宗商品贸易、港航服务、能源储配、高端装备制造等产业	推动京津冀协同发展
云南	2019年8月（第五批）	着力打造“一带一路”和长江经济带互联互通的重要通道，建设连接南亚东南亚大通道的重要节点，推动形成我国面向南亚东南亚辐射中心、开放前沿	努力建成贸易投资便利、交通物流通达、要素流动自由、金融服务创新完善、监管安全高效、生态环境质量一流、辐射带动作用突出的高标准高质量自由贸易园区	昆明片区、红河片区、德宏片区	昆明片区加强与空港经济区联动发展，重点发展高端制造、航空物流、数字经济、总部经济等产业；红河片区重点发展加工及贸易、大健康服务、跨境旅游、跨境电商等产业；德宏片区重点发展跨境电商、跨境产能合作、跨境金融等产业	加快建设我国面向南亚东南亚辐射中心

续表

自贸区	获批时间（批次）	战略定位	发展目标	区域布局	产业功能特色	区域功能特色
黑龙江	2019 年 8 月（第五批）	建成向北开放重要窗口，着力深化产业结构调整，打造对俄罗斯及东北亚区域合作的中心枢纽	努力建成营商环境优良、贸易投资便利、高端产业集聚、服务体系完善、监管安全高效的高标准高质量自由贸易园区	哈尔滨片区、黑河片区、绥芬河片区	哈尔滨片区重点发展新一代信息技术、新材料、高端装备、生物医药等战略性新兴产业，科技、金融、文化旅游等现代服务业和寒地冰雪经济；黑河片区重点发展跨境能源资源综合加工利用、绿色食品、商贸物流、旅游、健康、沿边金融等产业；绥芬河片区重点发展木材、粮食、清洁能源等进口加工业和商贸金融、现代物流等服务业	东北全面振兴全方位振兴、打造对俄罗斯及东北亚区域合作的中心枢纽

资料来源：根据各自贸区总体方案整理。

一、战略布局：渐进式试点到全面深化开放

从改革的方式和路径来看，我国的经济改革通常采取渐进式道路，大多不是在全国范围内同时推开的，而是每项改革措施都从较小范围内的试验开始，在取得成果并进行总结的基础上加以局部推广，由点及面，不断总结和观察，逐步扩大实行范围。无论是自贸试验区设立之前采取的保税区、出口加工区、保税港区、综合保税区模式，还是试验区成立后的逐步扩容，都遵循了试验与推广相结合的渐进式改革路径。

试验是为了“可复制可推广”而探路。以上海自贸区挂牌成立为标志，七年来我国自贸试验区逐步扩容，先后有 18 家获批，形成了各具特色、各有侧重的“1+3+7+1+6”总体布局，通过先行先试建设探索制度创新，扩大市场开放，在加快推进政府职能转变、投资管理体制改革、贸易监管模式创新、贸易发展方式转变、深化金融和服务业开放、完善事中事后监管和风险防范体系等方面，取得了许多重大进展和一批重要成果。自 2015 年 1 月国务院发布《关于推广中国（上海）自由贸易试验区可复制改革试点经验的通知》，目前已先后发布了四批改革试点经验，自贸试验区探索的 153 项制度创新成果分领域、分层次在全国复制推广。以负面清单为例，上海自贸区诞生了中国第一份负面清单之后，负面清单多次“瘦身”。2015 年版负面清单推广到第二批自贸区，上海、天津、广东、福建 4 个自贸区使用同一份负面清单；2017 年版负面清单推广到前三批共 11 个自贸区；2018 年版负面清单在 22 个领域推出开放措施，限制措施减少到 48 条，减少了大约 24%；2019 年版负面清单进一步缩减和优化管理措施，“全国一张清单”体系更加完善，全部纳入合法有效准入措施，进一步扩大清单信息公开内容。与 2018 年版负面清单相比，2019 年版负面清单共列入禁止准入类和许可准入类事项 131 项，减少事项 20 项，事项缩减 13%。有利于进一步发挥市场在

资源配置中的决定性作用，推动市场准入门槛不断放宽，有效激发各类市场主体特别是民营经济的活力。

二、推进方式：沿海（探索经验）——内陆（针对性经验落地）——沿边

自贸试验区遵循“由沿海地区先行先试、积累经验，逐步向内陆地区梯度推进”的思路分批次设立，截至 2020 年 8 月，中国自贸试验区数量增长到 18 个，占到全国省份数量的一半以上，形成了 10 个位于沿海、2 个位于中部、3 个深入西部、3 个位于沿边的建设格局，实现了中国沿海省份自贸试验区全覆盖，带动中西部深入开放，助推沿边地区创新发展，构建起一个全国自由贸易试验区网络体系。

2013 年 9 月 29 日中国（上海）自由贸易试验区成立，面积 28.78 平方公里，成为中国第一个自贸区。2014 年 12 月 28 日，经批准上海自贸区的面积扩展到 120.72 平方公里。2019 年 8 月，上海自贸区临港新片区获批，实施具有较强国际市场竞争力的开放政策和制度。上海自贸区作为中国经济新的试验田，实行政府职能转变、金融制度、贸易服务、外商投资和税收政策等多项改革措施，并大力推动上海市转口、离岸业务的发展。到 2035 年，建成具有较强国际市场影响力和竞争力的特殊经济功能区，形成更加成熟定型的制度成果，打造全球高端资源要素配置的核心功能，成为我国深度融入经济全球化的重要载体。

第二批自贸区广东、福建、天津也都位于东部沿海，但在定位策略上都有鲜明特色。天津自贸区作为北方唯一的自贸区，推动实施京津冀协同发展战略，是国家赋予的重点任务，同时亦是其特色之一。广东自贸区则主打“港澳牌”，以深化粤港澳合作为重点，进一步推动粤港澳服务贸易自由化，同时加快经贸规则与国际对接。作为大陆与台湾距离最近的省份，福建自贸

区也有自己的发展特色，主要突出深化两岸经济合作，以及建设21世纪海上丝绸之路核心区。

第三批自贸区除浙江和辽宁位于东部沿海外，河南、湖北、重庆、四川、陕西均位于内陆，主要侧重中西部、兼顾东北地区，融入“一带一路”、长江经济带、中部崛起、西部大开发、振兴东北老工业基地等国家战略。辽宁省主要着力打造提升东北老工业基地发展整体竞争力和对外开放水平的新引擎；河南省着力建设服务于“一带一路”建设的现代综合交通枢纽；湖北省主要发挥其在实施中部崛起战略和推进长江经济带建设中的示范作用；重庆市主要是落实加大西部地区门户城市开放力度的要求，带动西部大开发战略深入实施；四川省主要是打造内陆开放型经济高地，实现与沿海沿边沿江协同开放；陕西省主要是落实中央关于更好地发挥“一带一路”建设对西部大开发的带动作用。

第四批自贸区是海南省全岛，作为我国最大的经济特区，海南具有实施全面深化改革和试验最高水平开放政策的独特优势。2018年4月，在全面深化改革的新阶段，党中央决定支持海南全岛建设自由贸易试验区，发挥海南全岛试点的整体优势，支持海南逐步探索、稳步推进中国特色自由贸易港建设，标志着我国自由贸易试验区建设进入全新阶段，彰显中国进一步扩大开放的决心。2020年6月1日，中共中央、国务院印发了《海南自由贸易港建设总体方案》，在海南建设自由贸易港，是我国实施更加积极主动开放战略，加快构建开放型经济新体制，推动形成全面开放新格局的战略选择，自由贸易港将作为我国新一轮高水平对外开放的载体、平台和高地，开创世界自由贸易港区发展的新纪元。

第五批自贸区山东、江苏、广西、河北、云南、黑龙江6个省区，包括了沿海省份、中西部省份和沿边省份，将我国自贸区空间布局拓展到沿边地区，在空间布局上更加完善，体现了我国的自贸试验区是全方位对外开放，包括对陆上国家和海上国家开放，服务于国家推动形成全面开放新格局。其中，山东自贸区是面向中日韩合作；江苏自贸区推动“一带一路”交汇点建设，推动长江经济带和长江三角洲区域一体化发展；广西自贸区面对的是东盟地区，东盟地区是“一带一路”上我国最重要的经贸伙伴之一；河北自贸区的大兴国际机场片区，跨越河北和北京两地，在推动区域协同发展上是一个亮点，可以更好地服务京津冀协同发展战略；云南着力打造“一带一路”和长江经济带互联互通的重要通道，建设连接南亚东南亚大通道的重要节点，推动形成我国面向南亚东南亚辐射中心、开放前沿；黑龙江是面向俄罗斯、蒙古对外开放的一个前沿省份。

总的来看，我国“1+3+7+1+6”自贸区在制度创新方面的特征表现为，沿海地区自贸区总体上走在全国前列，不论总体情况还是分项情况，排名靠前的都是位于东南沿海的第一和第二批自贸试验区。第三批自贸试验区已推出很多具有全国显示度的创新举措，制度创新不分早晚，而在于改革的决心和创新的力度，充分吸收和复制了已有创新成果的第三批自贸试验区正在迎头赶上。海南自贸港的建设将在全国形成新的开放高地。第五批自贸区是在前四批自贸区基础上的扩容，各自贸区都很好地结合了自身经济特色和对外开放优势。而且，各自贸试验区结合当地特色开展了具有很强创新意义的试点任务，取得的改革试点经验具有明显的地方特色，但创新成果服务于全国，较好地体现了“对比试验、互补试验”的初衷，达到了通过差异化探索，形成更多元化、更高水平的制度创新成效，更好地释放了自贸试验区的改革红利和开放红利。

三、总体目标：升级“引进来”战略，推动中国企业“走出去”

《国务院关于加快实施自由贸易区战略的若干意见》（国发〔2015〕69号）中指出，我国经济发展进入新常态，外贸发展机遇和挑战并存，“引进来”“走出去”正面临新的发展形势。中国要完成从过去的粗放发展模式转换到创新驱动发展模式的历史使命，必须在更加开放的平台、高地上实现转型升级。过去的“引进来”战略使我国成功地融入了经济全球化和区域经济一体化，但同时也逐渐积累了很多结构性矛盾，现如今实施自贸试验区战略，通过公平的市场竞争和良好的营商环境形成新的比较优势，打造能吸引高附加值制造业和服务业集聚的面向全球开放的重要高地，是新形势下升级“引进来”战略的客观要求。

与此同时，更为重要的是，通过自贸试验区的探索和实践，为我国参与国际多边和区域合作提供先行先试、逐步积累经验的机会，为推动国内企业“走出去”创造更好的市场准入和投资保护条件、更加公平的知识产权保护环境，孵化和培育出一批具有国际竞争力的跨国公司和新兴产业。从这个意义上来讲，“走出去”更是实施自贸试验区战略的重要任务。

事实证明，自贸试验区虹吸效应显著。自贸区外贸进出口对于我国“六稳”中的稳就业、稳外资、稳外贸都发挥了重要作用。商务部统计数据显示，2019 年上半年，全国 12 个自贸试验区新增海关注册企业 5010 家，累计海关注册企业 85045 家；实现进出口总值 1.61 万亿元人民币，同比增长 4.3%，占我国同期外贸总量（14.67 万亿元人民币，同比增长 3.9%）的 10.97%，自贸试验区吸收外资实现高速增长，实际使用外资同比增长 20.1%，占比为 14.5%。自贸试验区释放的改革红利，也大大激发出国内企业“走出去”对外投资的热情。

第二节　我国典型自由贸易试验区深化创新的特色与亮点

各地自贸试验区除复制成功经验并深入开展改革探索外，还根据自身优势，围绕服务“一带一路”建设、促进京津冀协同发展、打造粤港澳大湾区、深化两岸经济合作等国家战略制定了各具特点、各有侧重的试点任务，并在多个领域取得创新成果，形成自身发展特色和亮点。

一、上海自贸区：制度创新的“苗圃”

自贸试验区建设是一项长远的发展战略，关键是制度创新，而不是挖掘政策洼地，所有的规则和改革举措一旦试验成功，不仅对政府管理、监管模式是重大突破，而且必须可推广、可复制，因此被形象地称为“种苗圃”。上海自贸试验区作为国内第一家试点，承担了这样的任务。自设立以来制度创新成果源源不断，上海自贸试验区成就了多个“全国第一”，形成了一批可复制可推广的制度创新成果。

上海自贸试验区的制度创新主要体现在两方面：一方面是国内首创的制度，包括外商投资负面清单管理模式、市场准入“证照分离”改革试点、国际贸易“单一窗口”监管服务制度、适应金融开放创新的 FT 账户分账核算体系及宏观审慎监管制度、推进政府管理由注重事先审批转为事中事后监管、建立完善事中事后市场监管制度等。这些创新举措重在通过结构性改革，改革制度供给条件，使市场在资源配置中起决定性作用和更好地发挥政府作用。另一方面是以扩大开放、培育功能为主的制度创新，重在形成新的产业链和价值链，促进产业转型升级，扩大有效供给，包括服务业扩大开放、货物状态分类监管、国际中转集拼业务、国际船舶登记制度、跨境电子商务公共服务平台、跨境股权投资及资本交易平台、国际人才流动通行制度等。

二、广东自贸区：粤港澳大湾区建设和“一国两制”的制度环境优势

广东自贸试验区于 2014 年底正式获批设立，肩负着促进内地与港澳经

济深度合作、打造开放型经济新体制先行区、高水平对外开放门户枢纽和粤港澳大湾区合作示范区的使命。广东自贸区的特色主要体现在其所对接的是“一国两制”下港澳地区和CEPA（内地与香港、澳门关于建立更紧密经贸关系安排）先行先试取得的成功经验。粤港澳大湾区内多项制度叠加效应，为自贸试验区内的贸易和产业合作提供了诸多优势。

南沙、前海、横琴三大片区成为粤港澳大湾区要素便捷流动的试验田，试验成功的政策可以选择性、匹配性地在粤港澳大湾区内进行推广。其中，南沙新区位于珠江三角洲地理几何中心，距香港、澳门的海上航程为38海里和41海里，定位为以生产性服务业为主导的现代产业新高地和具有世界先进水平的综合性服务枢纽。近年来与港澳合作不断深化，启动了粤港澳深度合作区起步区土地平整及征地拆迁工作，累计落户港澳投资企业1551家。预计2020年底建成投产的广州港南沙港区四期工程由广州、佛山、中山三市国企签约合建，成为粤港澳大湾区城市合作的一个示范。深圳前海蛇口片区与香港隔海相望，紧邻香港国际机场和深圳机场两大空港，定位为我国金融业对外开放实验示范窗口、世界服务贸易重要基地和国际性枢纽港，已基本形成横跨不同行业、多元化、多层次的金融生态圈和集港口、商务、商业等功能为一体的国际化滨海新区。2010年以来，国家先后赋予前海深港合作区及前海蛇口自贸片区15项重要使命，其中包括粤港澳深度合作示范区和“一带一路”建设支点等。截至2019年，前海在深化与香港合作中已探索出一套对港更便利的措施。珠海横琴新区经莲花大桥与澳门相连，定位为文化教育开放先导区和国际商务服务休闲旅游基地，打造促进澳门经济适度多元发展新载体。横琴在深化与澳门合作中也探索出了一些与港澳产业的对接路子。横琴配合澳门建设“一中心一平台”，推动澳门经济适度多元化发展。粤港澳深度合作示范区建设取得积极成效，目前在横琴注册的港澳企业2490家，其中澳资企业1284家。

三、福建自贸区："两岸机遇"与"侨台海"三大优势

福建自贸区涵盖厦门、福州、平潭三大片区，共118.04平方公里。在中国诸多自贸试验区中，福建自贸试验区是唯一将"深化两岸经济合作"当作自身定位和发展目标的自贸试验区，同时兼具"侨""台"和"海洋"三大优势。《中国（福建）自由贸易试验区总体方案》《进一步深化中国（福建）自由贸易试验区改革开放方案》均明确，进一步发挥沿海近台优势，深化两岸经济合作。

挂牌以来，福建自贸试验区紧紧抓住对台特色突出的优势，在投资、贸易、资金、人员往来等方面，实施更加便利措施，初步建立了两岸融合发展的新模式。目前，自贸区吸引了全省新增台资企业数的近一半，新增台资企业2323家。已推出实施创新举措14批378项，其中对台创新举措81项。金融、增值电信等领域率先对台开放。金融、旅游、影视、建筑等20个领域引进了一批首创性台资项目，建立了两岸集成电路合作试验区等一批产业合作平台；率先实施台资企业资本项目管理便利化试点，为台企台胞办理试点业务3.42亿美元；率先开展台企台胞征信查询业务，为建立两岸征信产品互认机制提供经验；23家台湾地区银行机构在厦门开立39个人民币代理清算账户，清算金额1146亿元人民币。福建自贸试验区成为两岸人流、物流、资金流往来的主通道。自贸试验区率先实施卡式台胞证及"零距离"办理措施，采认台湾地区专业领域从业资格证书，上线"台陆通"公共服务平台，设立11个台湾青年创业创新创客基地，吸引台企500多家、台胞2400多位入驻。同时，福建自贸试验区设立两岸检验检疫数据交换中心，简化ECFA（《海峡两岸经济合作框架协议》）货物进口原产地证书提交需求；对原产于台湾的小家电、白酒等商品，采信台湾检验检测和认证机构的结果；对台湾食品、农产品实行"源头管理，口岸快速验放"。台闽欧班列

实现常态化运营，累计发运450列、货值80亿元人民币。自贸试验区建设已成为闽台融合发展的新突破口。

四、天津自贸区：京津冀协同发展、面向东北亚和亚欧大陆桥支点

天津自贸试验区于2014年12月12日经国务院正式批准设立，总面积119.9平方公里，涵盖天津港片区、天津机场片区和滨海新区中心商务片区三大功能区。天津自贸区的区位优势明显，腹地广阔，能够辐射京津冀、环渤海和内陆腹地。天津自贸区是北方最重要口岸城市，发挥对京津冀、环渤海和内陆腹地的辐射作用，连接三条亚欧大陆桥，对接中韩自贸区。围绕服务京津冀协同发展、扩大高端制造业领域开放、开展融资租赁创新、行政体制改革先行等领域开展先行先试，构筑不同于其他地区的竞争力，将天津自贸区建设成为区域协同的新平台、转型升级的新引擎、开放经济的新高地，为经济发展注入新动力、增添新活力、开拓新空间。

突出天津基础与优势，探索以产业金融、技术创新、融资租赁为特色的自由贸易试验区。与现代制造业中心相结合的产业政策创新，与航运物流中心相结合的贸易便利化，与金融创新运营中心相适应的金融产品和投融资体系创新都是未来天津自贸区需要重点考虑的内容。重点发挥制造业与金融创新优势，聚焦产业金融、融资租赁、制造业技术创新等领域，探索金融创新与实体经济融合发展模式，以技术创新支撑制造业的发展，打造金融服务实体经济的创新驱动示范区。

天津自贸区的功能区中明确提出中心商务区的定位，更加凸显金融创新在自贸区中的重要性。纵观世界自由贸易园区发展历程，金融开放创新在自由贸易园区中的作用与地位不断提升，最初自由贸易园区是以货物自由贸易为基础，金融业为货物贸易提供支撑；随着经济全球化进程推进，自由贸易

园区的功能不断向功能综合、业态丰富、经济自由化方向发展，金融自由化已成为自由贸易园区的重要环节。天津自贸区获批之初就明确了中心商务区的重要性，作为未来金融中心的重要载体，中心商务区要实现金融等高端服务业的集聚，其金融创新是与实体经济、产业发展相结合的金融支持策略。在京津冀一体化发展背景下，天津自贸区的金融创新与发展将为整个京津冀区域的实体经济发展提供重要支撑。因此，天津自贸区在金融业务创新与金融自由化程度上将有更大突破，甚至在金融租赁、融资租赁等领域的金融创新要走在上海前面，成为全国金融租赁创新业务的领头羊。

从投资开放角度看，天津重点选择航运服务、商贸服务、专业服务、文化服务、社会服务等现代服务业和装备制造、新一代信息技术等先进制造业领域扩大对外开放。从贸易支持角度看，国家希望借自贸区推动贸易转型升级和国际航运服务能级提升，包括企业自身转型升级发展，国际化贸易便利化、常态化，贸易配套设施的完善和建立。从金融开放角度看，天津侧重于做大做强融资租赁业。从税收优惠方面看，天津总体方案提出“上海税收政策原则上可在自贸区进行试点，同时自贸区内海关特殊监管区域实施范围和税收政策适用范围不变”，天津提出研究完善适应境外股权投资和离岸业务发展的税收政策。

五、海南自贸区：自贸区向自贸港转型的先行先试政策红利

自上海、广东、天津、福建等 11 个自贸试验区之后，深挖开放潜力，在更大范围和规模内试验开放举措，成为我国自贸区战略进一步推进的紧迫任务，海南自贸试验区建设正是顺应这一发展趋势的必然选择。

与其他自贸区相比，海南自贸区有以下几个突出特点：一是全岛整体开放，开放面积达 3. 54 万平方公里，是全国最大的自贸试验区；二是全省协同改革，自贸试验区与行政区划一起，将整合全省范围内的各种资源，改革

将更加系统、更加协调；三是全方位试点，一、二、三产业全覆盖，不同区域协调联动，陆海统筹推进，可以形成多元的试点经验。

特别是国家支持海南全岛建设自贸区，支持海南逐步探索、稳步推进中国特色自由贸易港建设。自贸港作为自贸区的“升级版”，将实行零关税和真正的“一线放开”政策，货物、资金、人员将可自由流动。按照“到2020年自由贸易试验区建设取得重要进展”“到2025年自由贸易港制度初步建立”的时间表，海南的开放程度将全国领先，海南自贸区建设过程中积累的经验和最终的成功将会在全国范围内产生更大的带动效应、示范效应和辐射效应，成为国内其他地区发展的“样板”和“标杆”。

第四章　我国自由贸易试验区金融创新与监管的现状与问题

金融领域的开放创新是自贸区建设的重要内容，在各自贸区的总体方案中，“深化金融领域开放创新”均是自贸区建设的一项重点任务，不同自贸区在金融开放创新的领域存在一定差异，但自贸区的金融创新对金融监管提出了新的要求，各地在推进金融创新的同时，也需要注重强化金融监管，以保障区域金融稳健运行。

第一节　我国自贸试验区的金融开放创新与潜在风险

一、自贸区金融开放创新

（一）推进金融制度创新

在我国已设立的18个自贸试验区的总体方案中，将“推进金融制度创新”作为重点任务的自贸区只有上海自贸区、天津自贸区和陕西自贸区三个（见表4-1），表明中央对自贸试验区的金融制度创新比较慎重。

表4-1　我国自贸区总体方案中金融制度创新任务和内容

自贸区	重点任务	具体内容
上海	加快金融制度创新	在风险可控前提下，可在试验区内对人民币资本项目可兑换、金融市场利率市场化、人民币跨境使用等方面创造条件进行先行先试；在试验区内实现金融机构资产方价格实行市场化定价；探索面向国际的外汇管理改革试点，建立与自由贸易试验区相适应的外汇管理体制，全面实现贸易投资便利化
天津	推进金融制度创新	开展利率市场化和人民币资本项目可兑换试点；推动跨境人民币业务创新发展；支持通过自由贸易账户或其他风险可控的方式，促进跨境投融资便利化和资本项目可兑换的先行先试
陕西	推动金融制度创新	探索建立与自贸试验区相适应的本外币账户管理体系；推动人民币作为自贸试验区与“一带一路”沿线国家跨境贸易和投资计价、结算的主要货币；拓展跨境电子商务人民币结算；推行自贸试验区内跨国企业集团跨境双向人民币资金池业务

资料来源：根据各自贸区总体方案整理。

上海自贸区作为我国第一个自贸试验区，其金融改革与开放具有全局性，也是上海自贸区要试验的本质内容。其总体方案中明确规定：“在风险可控前提下，可在试验区内对人民币资本项目可兑换、金融市场利率市场化、人民币跨境使用等方面创造条件进行先行先试。在试验区内实现金融机构资产方价格实行市场化定价。探索面向国际的外汇管理改革试点，建立与自由贸易试验区相适应的外汇管理体制，全面实现贸易投资便利化。”在此基础上，“一行三会”（人民银行、银监会、证监会、保监会）陆续发布了支持上海自贸区建设的意见、政策或通知，基本建立资本项目可兑换和金融服务业开放的金融体系创新框架（周弘等，2018）。上海自贸区的账户管理体系是金融改革创新的重要环节，2014年5月，人民银行上海总部下发46号文，建立分账核算体系。分账核算体系的核心思路即20个字的总体方针——标识分设、分账核算、独立出表、专项报告、自求平衡。上海自由贸易账户体系实现了本外币一体化以及中外资企业跨境金融服务审慎统筹管理，为金融开放创新和服务实体经济提供了有效载体。自由贸易账户已拓展到全市范围，包括服务科创中心建设、服务“一带一路”建设和“走出去”企业。2018 年 1~7 月，上海自贸区内跨境人民币结算总额为 14570. 5 亿元，占全市的 49. 51%。截至 2018 年 7 月末，已有 56 家金融机构通过分账核算系统验收，累计开立账户约 7. 2 万个，发生跨境收支折合人民币 23. 3 万亿元，获得本外币融资折合人民币 1. 3 万亿元。自政策发布以来，累计有 844 家企业发生跨境双向人民币资金池业务，52 家企业开展跨国公司总部外汇资金集中运营管理试点。

天津自贸区着力深化金融体制改革，其总体方案中明确规定，开展利率市场化和人民币资本项目可兑换试点，深化外汇管理改革，提高投融资便利化水平，建立健全外债宏观审慎管理制度。天津自贸区自挂牌以来，坚持以制度创新为核心，助推金融跨境业务快速发展。中央和地方出台一系列政策法规推动金融制度创新，涉及金融领域的政策文件有 33 项，主要涉及人民币跨境使用、推动利率市场化和深化外汇管理改革等方面的内容。一是建立具有自身特色的自由贸易账户，促进跨境投融资便利化和资本项目可兑换。二是推动金融服务业对符合条件的民营资本和外资金融机构全面开放。三是实施租赁业政策创新，设立中国天津租赁平台和中国金融租赁登记流转平台，形成与国际接轨的租赁业发展政策环境，融资租赁产业聚集度不断提升。“金改 30 条”（即《中国人民银行关于金融支持中国（天津）自由贸易试验区建设的指导意见》）实施政策全部落地，跨境本外币资金池、跨境融资、融资租赁收取外币租金等创新业务取得明显成效。金城银行、华运金租、汇丰银行等民营、外资金融机构入驻。截至 2018 年 6 月底，跨境投融资渠道有效拓宽，天津自贸区内主体累计新开立本外币账户 5. 6 万个；办理跨境收支 1517. 4 亿美元，占全市的 24. 4%；结售汇 632. 4 亿美元；跨境人民币结算 3108.6 亿元人民币，占全市的 44.2%，自贸试验区金融创新绿地森林效应不断扩大。天津自贸区内企业开展全口径跨境融资累计借用外债 20.5 亿美元，区内银行发放境外人民币贷款 160 亿元。资金使用效率不断提升，跨境双向人民币资金池业务结算量近 300 亿元人民币，跨国公司外币资金集中运营帮助企业提高平均资金周转率达 50%以上；取消 A 类企业贸易收入待核查管理，外汇资本金和外债资金实行意愿结汇，使企业资金周转效率最高提升近 90%；区内银行为境外机构办理外汇衍生品交易 21.5 亿美元，更好地满足了市场主体规避汇率风险和套期保值需求。

陕西自贸区在推动金融制度创新方面，重点探索建立与自贸试验区相适应的本外币账户管理体系，促进跨境贸易、投融资便利化；推动人民币作为自贸试验区与“一带一路”沿线国家跨境贸易和投资计价、结算的主要货币；拓展跨境电子商务人民币结算；推行自贸试验区内跨国企业集团跨境双向人民币资金池业务；支持自贸试验区内符合互认条件的基金产品参与内地与香港基金产品互认；自贸试验区内银行可按有关规定发放境外项目人民币贷款。陕西自贸区成立以来，通过制度创新提升金融服务自贸试验区的经济效能，统筹增加金融政策措施供给，出台了一系列政策措施指导金融服务自贸区建设。2017 年《金融服务中国（陕西）自由贸易试验区建设的意见》出台。2018 年《进一步推进中国（陕西）自由贸易试验区外汇管理改革试点实施细则》推动了货物贸易外汇收支电子单证审核、跨国公司外汇资金集中运营准入等八个方面的陕西自贸试验区外汇管理优惠政策落地实施。2019 年，《关于深化“放管服”落实“本币优先”促进陕西贸易投资便利化的实施意见》出台。同时，围绕小微企业融资、文化金融等领域，还先后制定了多项针对性较强的配套措施及操作指引，不断增强陕西自贸试验区金融创新政策供给，推动制度创新落地实施。① 2019 年，经国家

① 陕西自贸区金融创新 亮出华丽成绩单，https：//36kr.com/p/1723509948417。

外汇管理局批准，在陕西自贸区内实施外债注销登记下放银行、灵活区内企业借用外债模式、区内企业直接投资等7项资本项目外汇创新业务，进一步简化外汇登记管理、提高投融资便利化。截至2019年3月底，有7家银行为陕西自贸区企业实施便利化支付54笔，金额17.75亿元人民币（折合2.65亿美元）。

（二）增强金融服务功能

增强金融服务功能，推动金融业全面开放，是我国自贸试验区金融领域的重要任务之一。上海自贸区、天津自贸区、福建自贸区、辽宁自贸区、浙江自贸区、河南自贸区、湖北自贸区、重庆自贸区、四川自贸区、陕西自贸区、河北自贸区、黑龙江自贸区均有相关任务，增强金融服务功能是自贸区建设的重要内容之一，但各自贸区侧重点有所不同，具体见表4-2。

表4-2　我国自贸区增强金融服务功能的主要任务

自贸区	重点任务	具体内容
上海	增强金融服务功能	推动金融服务业对符合条件的民营资本和外资金融机构全面开放，支持在试验区内设立外资银行和中外合资银行。允许金融市场在试验区内建立面向国际的交易平台。逐步允许境外企业参与商品期货交易。鼓励金融市场产品创新。支持股权托管交易机构在试验区内建立综合金融服务平台。支持开展人民币跨境再保险业务，培育发展再保险市场
天津	增强金融服务功能	推动金融服务业对符合条件的民营资本全面开放。支持在自贸试验区内设立外资银行和中外合资银行。对中小型金融机构实行差别化管理。允许自贸试验区内符合条件的中资银行试点开办外币离岸业务。鼓励金融机构积极开展动产融资业务。支持商业保理业务发展，探索适合商业保理发展的外汇管理模式。开展人民币跨境再保险业务，培育发展再保险市场
福建	拓展金融服务功能	推进利率市场化，允许符合条件的金融机构试点发行企业和个人大额可转让存单。推动开展跨境人民币业务创新。允许自贸试验区内符合条件的中资银行试点开办外币离岸业务。支持自贸试验区内法人银行按有关规定开展资产证券化业务。创新知识产权投融资及保险、风险投资、信托等金融服务，推动建立知识产权质物处置机制

续表

自贸区	重点任务	具体内容
辽宁	增强金融服务功能	进一步推进内资融资租赁企业试点。支持自贸试验区内符合互认条件的基金产品参与内地与香港基金产品互认。取消对自贸试验区内保险支公司高管人员任职资格的事前审批。逐步允许境外企业参与商品期货交易。创新金融产品和金融服务
浙江	拓展金融服务功能	探索建立与自贸试验区相适应的本外币账户管理体系，促进跨境贸易、投融资结算便利化。按规定开展跨国公司外汇资金集中运营管理业务和跨国企业集团内跨境双向人民币资金池业务、享受跨境投融资汇兑便利等政策。支持融资租赁公司依托自贸试验区在大宗商品领域开展包含人民币计价结算、跨境双向人民币资金池等跨境人民币创新业务。开展跨境人民币双向投资业务。支持自贸试验区发展与油品贸易相关的总部经济，放宽跨国公司外汇资金集中运营管理的准入条件。进一步简化资金池管理
河南	拓展金融服务功能	拓展跨境电子商务金融服务。支持自贸试验区发展科技金融。进一步简化资金池管理。进一步推进内资融资租赁企业试点。支持在自贸试验区设立金融租赁公司、融资租赁公司。允许自贸试验区内符合条件的融资租赁业务收取外币租金。支持商业保理业务发展，探索适合商业保理发展的监管模式
湖北	增强金融服务功能	允许中、外资银行在自贸试验区内新设分行或专营机构、将区内现有银行网点升格为分行。支持符合条件的境内纯中资民营企业在武汉片区发起设立民营银行，服务长江经济带发展。支持符合条件的发起人在自贸试验区内设立金融租赁、汽车金融、消费金融公司和企业集团财务公司等非银行金融机构。支持在自贸试验区内设立健康保险、科技保险和内河航运保险等专业保险机构，扩大出口信用保险覆盖面等
重庆	增强跨境金融服务功能	支持符合条件的民间资本、境外资本发起和参与设立金融机构。支持证券经营机构在自贸试验区内依法设立分支机构或专业子公司。支持在自贸试验区内设立货币兑换、征信等专业化机构。支持符合条件的重庆市证券期货经营机构进入银行间外汇市场，开展人民币对外汇即期业务和衍生品交易。支持自贸试验区符合互认条件的基金产品参与内地与香港基金产品互认。支持符合条件的银行业金融机构在自贸试验区内发行大额存单，区内注册的内外资企业均可参与投资等
四川	增强金融服务功能	支持在自贸试验区内设立银行、证券、保险等金融机构。支持外资银行和中外合资银行在自贸试验区内设立营业性机构，发挥外资银行跨境业务的网络平台优势，为跨境企业提供综合金融服务。支持银行业金融机构与已获相应业务许可资质的非银行支付机构合作开展企业和个人跨境货物贸易、服务贸易人民币结算服务。加快发展金融 IC 卡（芯片银行卡）和移动金融，打造金融 IC 卡无障碍示范区。优化境外银行卡刷卡消费环境。支持在自贸试验区内设立货币兑换、征信等专业化机构

续表

自贸区	重点任务	具体内容
陕西	增强金融服务功能	支持符合条件的“一带一路”沿线国家的金融机构在自贸试验区内以人民币直接投资设立或参股金融机构。支持符合条件的法人在自贸试验区内依法设立金融租赁公司、财务公司、汽车金融公司、消费金融公司等金融机构。鼓励自贸试验区内银行业金融机构为能源、科技、文化、绿色环保等领域企业提供高效优质金融服务。进一步简化资金池管理
河北	增强金融服务功能	支持符合条件的商业银行注册设立金融资产投资子公司。支持设立直销银行、征信机构等。支持试点设立健康保险等外资专业保险机构。研究开展合格境外有限合伙人（QFLP）和合格境内投资企业（QDIE）业务试点，放宽项目投资限制，提高基金持股比例
黑龙江	增强金融服务功能	允许银行业金融机构与俄罗斯商业银行开展卢布现钞跨境调运业务资金头寸清算，完善卢布现钞跨境调运体系。支持自贸试验区内金融机构依法依规参与租赁业境外融资、远期结售汇、人民币对外汇掉期、人民币对外汇期权等涉外业务试点

资料来源：作者整理。

上海自贸区以货币跨境结算、跨境货币双向资金池、利率市场化等为改革突破口，积极推动金融货币管理体制改革（孙泽华，2017）。为贯彻落实中央关于金融服务业全面对外开放战略，率先推动我国进一步扩大金融服务业对外开放，将上海自贸区打造成为扩大金融开放的新高地，上海自贸试验区于2018年6月出台了《关于扩大金融服务业对外开放进一步形成开发开放新优势的意见》，强化上海国际金融中心与上海自贸区建设联动，继续保持上海自贸区金融业对外开放度的全国领先地位。该意见主要涉及境外资金及金融机构的集聚、高层次金融人才的培养、建设金融科创中心、对标国家高标准的金融法治环境建设等六大方面。2019年8月，上海自贸区扩容，金融开放成为率先突破领域。上海自贸区临港新片区将对标上海国际金融中心建设，进一步推进投资贸易自由化，在资本自由流入流出和自由兑换等方面率先突破，试行更加开放、更加便利、更加自由的金融政策，打造金融开放创新的新高地。将实施资金便利收付的跨境金融管理制度，推动跨境金融服务便利化、探索新片区内资本自由流入流出和自由兑换、稳步推进资本项目可兑换等一揽子金融开放措施。上海自贸区搭建了面向国际的金融平台，有力提升了我国在国际上的金融影响力。上海自贸区大宗商品现货市场自2015年启动建设后，初步建立了一批面向国际的金融交易平台，包括中国外汇交易中心的国际金融资产交易平台、上海黄金交易所的国际业务板块、上海证券交易所与中国金融期货交易所合作设立的国际金融资产交易平台、中国保险交易所等，为区内和国际投资者提供债券、黄金、保险等服务。2018年3月经中国证监会批准，由上海期货交易所出资设立的面向全球投资者的国际性交易场所上海国际能源交易中心正式挂牌交易；由上海自贸大宗信息服务公司与万事达卡、惠付金融信息服务公司相互联合，启动了大宗水平跨境金融服务平台；原来上海自贸区内的主体和境外的机构设立自由贸易账户，逐步扩大到上海全市。这些举措将吸引国际范围内诸如亚太地区、欧美等重点经济金融资源，进一步加强我国在全球商品市场的话语权。

天津自贸区不断提升金融服务功能，支持实体经济发展。关注民营银行、离岸金融、融资租赁业务创新，支持各类金融法人机构增资扩股和拓展业务，凭借自贸区自由贸易账户体系的建立，可为商业银行提供自贸区、境内区外、境外三个市场平台；同时，允许已经开展离岸银行业务的商业银行在东疆保税港区设立机构，允许在东疆保税港区注册、有离岸业务需求的企业开设离岸账户，这使得区内企业、银行办理外汇业务的便利度将显著提高。贸易投资便利化水平不断提高，法治化、国际化、便利化营商环境不断完善，改革红利、开放红利、制度红利不断显现，充分发挥出“助力器”作用。跨境人民币借款、海外投贷基金、外资公司在境内资本市场发行人民币债券，截至2017年2月末，天津自贸试验区内银行发放境外人民币贷款255笔、134.6亿元，融通了境内外两个市场的融资渠道。建立了“专家+管家”服务体系，帮助租赁企业协调解决业务疑难问题，为租赁模式设计税务结构、制定通关模式、提供融资渠道信息、信息归集撮合交易、专业解读法规政策。跨境投融资渠道有效拓宽，区内企业开展全口径跨境融资累计借用外债 17.4 亿美元，跨境人民币外债签约总额超过 200 亿元，发放境外人民币贷款 150 亿元人民币。资金使用效率不断提升，跨境双向人民币资金池业务结算量近 300 亿元人民币，跨国公司外币资金集中运营帮助企业提高平均资金周转率达 50%以上；取消 A 类企业贸易收入待核查管理，外汇资本金和外债资金实行意愿结汇，使企业资金周转效率最高提升近 90%；区内银行为境外机构办理外汇衍生品交易，更好地满足了市场主体规避汇率风险和套期保值需求。同时，将金融创新与“放管服”改革措施有机结合，实施了外汇业务“一站式”综合服务、企业开户“绿色通道”、金融集成电路（IC）卡“一卡通”服务等一系列便民惠民措施，有效提升了金融服务效率和水平。

福建自贸区注重拓展金融服务功能，具体措施包括利率市场化、向境外转让人民币资产、销售人民币理财产品、试点开办外币离岸业务、资产证券化业务、拓宽融资租赁业务融资渠道、支持设立多币种的产业投资基金、允许双向投资境内外证券期货市场、支持厦门建设两岸区域性金融服务中心、平潭设立期货交割仓库等。在金融创新业务方面，福建自贸试验区平潭片区创新采用“一岛两标”方式服务台胞台企，发放了全国首张台商台胞金融信用证书，在全省率先开展了 QFLP（合格境外有限合伙人，即股权基金出资人）政策试点；福建自贸试验区福州片区开发建设了全国跨境业务区块链服务平台。推动区内银行向境外机构提供跨境融资，2019 年上半年福建自贸区区内银行共办理跨境融资业务 4560.19 亿元人民币。

在国家批复的第三批自贸区中，辽宁、浙江、河南、湖北、重庆、四川、陕西均涉及增强金融服务功能。其中，辽宁自贸区侧重于在内资融资租赁企业试点、基金产品参与内地与香港基金产品互认、创新金融产品和金融服务、完善适合东部老工业基地振兴发展的新型金融支撑体系等内容。浙江自贸区侧重于探索建立与自贸试验区相适应的本外币账户管理体系，促进跨境贸易、投融资结算便利化，开展跨境人民币双向投资业务；支持自贸试验区发展与油品贸易相关的总部经济等。河南自贸区侧重于拓展金融服务功能，具体包括拓展跨境电子商务金融服务，开展跨境电子商务人民币结算，发展科技金融，创建金融集成电路（IC）卡“一卡通”示范区，探索适合商业保理发展的监管模式。湖北侧重于增强金融服务功能，允许中外资银行新设分行或专营机构、设立民营银行，服务长江经济带发展等。重庆增强跨境金融服务功能，支持民间资本、境外资本在自贸试验区内发起和参与设立金融机构；授予自贸试验区内银行业金融机构更多业务自主权，开展人民币对外汇即期业务和衍生品交易。四川增强金融服务功能，加快发展金融IC卡（芯片银行卡）和移动金融，打造金融IC卡无障碍示范区；优化境外银行卡刷卡消费环境；支持在自贸试验区内设立货币兑换、征信等专业化机构；探索与“一带一路”沿线国家的金融合作。陕西支持符合条件的“一带一路”沿线国家的金融机构在自贸试验区内以人民币直接投资设立或参股金融机构；鼓励自贸试验区内银行业金融机构为能源、科技、文化、绿色环保等领域企业提供高效优质金融服务；允许外资股权投资管理机构、外资创业投资管理机构在自贸试验区内发起管理人民币股权投资和创业投资基金；鼓励金融机构创新金融产品和服务，为“轻资产”服务贸易企业提供融资便利；鼓励各类金融机构创新供应链融资、贸易融资等业务。

河北自贸区支持符合条件的商业银行注册设立金融资产投资子公司；支持设立直销银行、征信机构等；支持试点设立健康保险等外资专业保险机构；加强对重大风险的识别和系统性金融风险的防范；强化反洗钱、反恐怖融资、反逃税工作。黑龙江增强金融服务功能允许银行业金融机构与俄罗斯商业银行开展卢布现钞跨境调运业务资金头寸清算，完善卢布现钞跨境调运体系；支持自贸试验区内金融机构依法依规参与租赁业境外融资、远期结售汇、人民币对外汇掉期、人民币对外汇期权等涉外业务试点；加强对重大风险的识别和系统性金融风险的防范；强化反洗钱、反恐怖融资、反逃税工作。

（三）推进金融市场对外开放

1. 跨境人民币业务创新

自贸区制度创新任务中非常重要的一项就是要逐步探索资本项目可兑换和人民币国际化。上海、广东、天津、福建自贸试验区在扩大人民币跨境使用方面的政策大致相同：一是自贸试验区内企业的境外母公司可按有关法规在境内资本市场发行人民币债券；二是支持自贸试验区内金融机构和企业按规定在境外发行人民币债券，所筹资金可根据需要调回区内使用；三是支持区内金融机构和企业在跨境融资宏观审慎管理框架下从境外借用人民币资金；四是探索完善宏观审慎管理框架下的人民币境外贷款管理方式；五是支持区内企业开展集团内双向人民币资金池业务；六是按照支付机构有关管理政策，为跨境电子商务提供跨境货物贸易和服务贸易人民币结算服务。

重庆自贸试验区提出，鼓励自贸试验区内金融机构积极创新面向国际的人民币金融产品，扩大境外人民币投资境内金融产品的范围；鼓励在自贸试验区内设立人民币海外投贷基金；在自贸试验区开展人民币基金投资境外项目试点政策下，开展区域性净头寸总规模约束管理试点。河南、陕西自贸试验区提出“支持开展人民币跨境再保险业务，培育发展再保险市场”。湖北自贸试验区提出“允许自贸试验区内银行和已获相应业务许可的非银行支付机构与境外银行和支付机构开展跨境支付合作”。

2. 支付结算方式创新

2016年上海支付结算综合业务系统加入自贸区业务子模块，支持自由贸易账户与普通账户、自由贸易账户与自由贸易账户、自由贸易账户与境外机构境内人民币账户间的资金汇划。方便各商业银行在完成资金汇划的同时，也实现了“标志分识、分账核算、独立出表、专项报告”，具备对自由贸易账户的资金流量和资金流向分别进行控制的功能，满足“一线放开，二线管住”和分账核算业务风险审慎管理要求。

围绕提升广东自贸区支付结算服务水平，人民银行广州分行发布《关于提升支付结算服务水平有关事项的通知》，提出优化企业人民币单位银行结算账户开立流程、建立自贸区企业的支付服务“绿色通道”，发行商事主体电子证照银行卡、不断拓展商事主体电子证照银行卡应用场景，强化银行机构与互联网支付机构合作、丰富支付结算服务产品，以及拓展金融 IC 卡和移动支付在公共服务领域应用等一系列措施。同时还创新推出粤港跨境结算工具，有效提高了粤港两地跨境资金往来的结算效率。粤港电子支票联合结算被列为广东自贸区第三批可复制可推广经验，于 2017 年 3 月起在广东省全面推广。

重庆自贸试验区在支付结算方式上的创新举措属全国首创：支持符合条件的企业探索加工贸易项下资金收付轧差结算等业务创新，以进一步提高资金运作效率，在规避成本端的汇率风险的同时，降低企业的汇兑成本。

3. 外汇管理改革

随着自贸试验区金融制度创新各项政策的逐步落地，以外汇资金集中运营为特征的跨国公司总部型经济成为上海自贸试验区保税区域的新亮点。为支持自贸试验区深化改革创新，自上海自贸试验区 2013 年 9 月 29 日成立以来，国家外汇管理局上海市分局分别于 2014 年 2 月、2015 年 12 月、2018 年 1 月和 2019 年 7 月出台了 4 版实施细则。《关于印发进一步推进中国（上海）自由贸易试验区外汇管理改革试点实施细则（4.0 版）的通知》，主要从以下四个领域开展了新的创新试点：①简政放权；②贸易和投资便利化；③总部经济发展；④离岸金融服务，持续优化跨境资金集中运营，服务总部经济和结算中心发展。

目前在外汇管理改革方面，上海、广东、福建、天津四地自贸试验区发布的政策基本相同且均已落地实施。一是实施全口径外债宏观审慎管理。二是借用外债实行比例自律管理，允许区内机构在净资产的一定倍数（暂定一倍，视宏观经济和国际收支状况调节）内借用外债，企业外债资金实行意愿结汇（该政策已纳入全口径跨境融资宏观审慎管理框架）。三是扩大跨国公司总部外汇资金集中运营管理试点企业范围。四是允许区内外商直接投资项下的外汇资本金意愿结汇。五是允许金融租赁公司及中资融资租赁公司境内融资租赁收取外币租金。

第三批自贸试验区外汇管理改革方面的特色是，浙江自贸试验区提出“为符合条件的自贸试验区内主体办理油品贸易相关的跨境经常项下结算业务、政策允许的资本项下结算业务”。重庆自贸试验区提出“支持自贸试验区开展适应内陆加工贸易、转口贸易等多种贸易业态的结算便利化试点。探索与要素市场跨境交易相适应的外汇收支便利化措施，支持区域要素市场开展国际贸易业务”。在经常项目外汇账户管理方面，陕西、辽宁等地自贸区将简化货物贸易A类企业出口收入入账流程和企业外汇账户开立流程。具体来看，就是企业不再需要开立待核查账户，货物贸易外汇收入可直接进入经常项目外汇账户，减少企业出口收入入账环节。湖北自贸区也做出规定：对于自贸区内企业，经区内银行资格审核后，办理货物贸易项下购付汇业务，可直接向银行提交网上电子单证，不需要再向银行提交纸质单证。对于很多跨国公司来说，整个集团旗下不同子公司的资金有的剩余，有的紧缺，如果能打通使用，将降低集团整体融资成本。针对这一情况，陕西、湖北、辽宁等自贸区放开了区内跨国公司外汇资金集中运营管理的准入条件。由2017年本外币国际收支规模1亿美元，下调至5000万美元。便利更多跨国企业利用境内、境外两个市场，灵活调拨境内外成员企业之间的资金余缺，提升资金使用效率。在外汇衍生产品交易市场的开放上，陕西、湖北、辽宁等地自贸区也出台了具体的措施，允许具备衍生品业务办理资格的区内银行可提供人民币与外汇衍生产品服务。

（四）建立金融风险防控体系

从我国各自贸区的总体方案看，建立健全金融风险防控体系是有效推动金融领域开放创新的重要内容，而金融监管协调机制也是金融风险防控体系建设应有内容之一，具体内容见表 4–3。

表 4–3　各自贸区关于金融风险防控与金融监管的内容

自贸区	任务	具体内容
上海	实施资金便利收付的跨境金融管理制度	经国家金融管理部门授权，运用科技手段提升金融服务水平和监管能力，建立统一高效的金融管理体制机制，切实防范金融风险
天津	建立健全金融风险防控体系	建立金融监管协调机制，完善跨行业、跨市场的金融风险监测评估机制，加强对重大风险的识别和系统性金融风险的防范。完善对持有各类牌照金融机构的分类监管机制，加强金融监管协调与合作。探索建立跨境资金流动风险监管机制，对企业跨境收支进行全面监测评价，实施分类管理。强化外汇风险防控，实施主体监管，建立合规评价体系，以大数据为依托开展事中事后管理。做好反洗钱、反恐怖融资工作，防范非法资金跨境、跨区流动
广东	建立健全自贸试验区金融风险防控体系	构建自贸试验区金融宏观审慎管理体系，建立金融监管协调机制，完善跨行业、跨市场的金融风险监测评估机制，加强对重大风险的识别和系统性金融风险的防范。根据宏观审慎管理需要，加强对跨境资金流动、套利金融交易的监测和管理。做好反洗钱、反恐怖融资工作，防范非法资金跨境、跨区流动，完善粤港澳反洗钱和反恐怖融资监管合作和信息共享机制
福建	实行有效监管	完善金融监管措施，逐步建立跨境资金流动风险监管机制，完善风险监控指标，对企业跨境收支进行全面监测评价，实行分类管理。做好反洗钱、反恐怖融资工作，防范非法资金跨境、跨区流动。探索在自贸试验区内建立有别于区外的金融监管协调机制，形成符合自贸试验区内金融业发展特点的监管体制。健全符合自贸试验区内金融业发展实际的监控指标，实现对自贸试验区内金融机构风险可控
辽宁	建立健全金融风险防控体系	落实风险为本的原则，探索建立跨境资金流动风险监管机制，强化开展反洗钱、反恐怖融资、反逃税工作，防止非法资金跨境、跨区流动。建立适应金融改革创新举措的事中事后监管体系
浙江	建立健全金融风险防范体系	落实风险为本的原则，探索建立跨境资金流动风险监管机制，强化开展反洗钱、反恐怖融资、反逃税工作，防止非法资金跨境、跨区流动，切实防范开放环境下的金融风险
河南	建立健全金融风险防控体系	建立对持有各类牌照金融机构的分类监管机制，健全符合自贸试验区内金融业发展实际的监控指标，完善金融监管措施，加强监管协调与合作，确保自贸试验区内金融机构风险可控。逐步建立跨境资金流动风险监管机制，对企业跨境收支进行全面监测评价。做好反洗钱、反恐怖融资、反逃税工作，防范非法资金跨境、跨区流动

续表

自贸区	任务	具体内容
湖北	建立健全金融风险防控体系	建立金融监管协调机制，完善跨行业、跨市场的金融风险监测评估机制，加强对重大风险的识别和对系统性金融风险的防范。完善对持有各类牌照金融机构的分类监管机制。探索建立跨境资金流动风险监管机制，对企业跨境收支进行全面监测评价，实施分类管理。强化外汇风险防控，实施主体监管，建立合规评价体系，以大数据为依托开展事中事后监管。做好反洗钱、反恐怖融资、反逃税工作，防范非法资金跨境、跨区流动
重庆	完善金融风险防控体系	落实风险为本的原则，探索建立跨境资金流动风险监管机制，强化做好反洗钱、反恐怖融资、反逃税工作，防范非法资金跨境、跨区流动。探索建立综合性金融监管协调机制，深入开展跨行业、跨市场的金融风险监测评估，加强对重大风险的预警防范，切实防范开放环境下的金融风险
四川	探索创新金融监管机制	探索建立与自贸试验区相适应的新型风险监管体系。落实风险为本的原则，探索建立跨境资金流动风险监管机制，强化开展反洗钱、反恐怖融资、反逃税工作，防止非法资金跨境、跨区流动。鼓励金融行业协会、自律组织独立或者联合依法开展专业调解，建立调解与仲裁、诉讼的对接机制，加大对金融消费者维权的支持力度。支持建立健全金融消费者教育服务体系，积极创新自贸试验区特色多元化金融消费者教育产品和方式
陕西	建立健全金融风险防范体系	落实风险为本的原则，探索建立跨境资金流动风险监管机制，强化开展反洗钱、反恐怖融资、反逃税工作，防止非法资金跨境、跨区流动，切实防范开放环境下的金融风险
海南	建立健全金融风险防控体系	打好防范化解重大风险攻坚战，有效履行属地金融监管职责，建立区域金融监管协调机制，加强对重大风险的识别和对系统性金融风险的防范，严厉打击洗钱、恐怖融资、逃税等金融违法犯罪活动，有效防范金融风险
山东	探索实施金融创新	加强对重大风险的识别和系统性金融风险的防范。强化反洗钱、反恐怖融资、反逃税工作
江苏	扩大金融领域对内对外开放	加强对重大风险的识别和系统性金融风险的防范。强化反洗钱、反恐怖融资、反逃税工作
广西	促进跨境投融资便利化	加强对重大风险的识别和系统性金融风险的防范
河北	增强金融服务功能	加强对重大风险的识别和系统性金融风险的防范。强化反洗钱、反恐怖融资、反逃税工作

续表

自贸区	任务	具体内容
云南	扩大金融领域对外开放	推进与南亚东南亚国家签订保险业双边监管合作协议，优化跨境保险规则，实现理赔查勘相互委托或结果互认。加强对重大风险的识别和系统性金融风险的防范。支持加强与周边国家的金融监管协作，强化反洗钱、反恐怖融资、反逃税工作
黑龙江	增强金融服务功能	加强对重大风险的识别和系统性金融风险的防范。强化反洗钱、反恐怖融资、反逃税工作

上海自贸区在2013年《总体方案》中虽未提及加强金融风险防控内容，但银监会和人民银行支持政策中均有明确要求。《中国银行业监督管理委员会关于中国（上海）自由贸易试验区银行业监管有关问题的通知》（银监发〔2013〕40号）强调“完善监管服务体系。支持探索建立符合区内银行业实际的相对独立的银行业监管体制，贴近市场提供监管服务，有效防控风险”。《中国人民银行关于金融支持中国（上海）自由贸易试验区建设的意见》强调坚持风险可控、稳步推进，“成熟一项、推动一项”，适时有序组织试点原则，建立试验区综合信息监管平台，对区内非金融机构进行监督管理。可按年度对区内非金融机构进行评估，并根据评估结果对区内非金融机构实施分类管理。区内实施金融宏观审慎管理。加强与其他金融监管部门的沟通协调，保证信息的及时充分共享。

广东自贸区和天津自贸区明确提出要建立健全金融风险防控体系。广东自贸区的方案中提出“构建自贸试验区金融宏观审慎管理体系，建立金融监管协调机制，完善跨行业、跨市场的金融风险监测评估机制，加强对重大风险的识别和系统性金融风险的防范”。天津自贸区强调：“建立金融监管协调机制，完善跨行业、跨市场的金融风险监测评估机制，加强对重大风险的识别和系统性金融风险的防范。完善对持有各类牌照金融机构的分类监管机制，加强金融监管协调与合作。探索建立跨境资金流动风险监管机制，对企业跨境收支进行全面监测评价，实施分类管理。强化外汇风险防控，实施主体监管，建立合规评价体系，以大数据为依托开展事中事后管理。做好反洗钱、反恐怖融资工作，防范非法资金跨境、跨区流动。”显然，天津自贸试验区不仅要积极推动金融创新，而且要努力在金融风险防范方面走在全国前列。它的有效实施，将成为天津自贸试验区的一大优势和特色，也是天津自贸试验区金融改革成功的重要标志之一。

第三批自贸区中，辽宁、浙江、河南、湖北、重庆、四川、陕西均有建立金融风险防控体系的任务，强调落实风险为本原则，探索建立跨境资金流动风险监管机制，开展反洗钱、反恐怖融资和反逃税工作，防止非法资金跨境、跨区流动。其中，辽宁自贸区总体方案中突出强调“建立适应金融改革创新举措的事中事后监管体系”；河南自贸区总体方案中提出“建立对持有各类牌照金融机构的分类监管机制，健全符合自贸试验区金融业发展实际的监控指标，完善金融监管措施，加强监管协调与合作”；湖北自贸区提出“强化外汇风险防控，实施主体监管，建立合规评价体系，以大数据为依托开展事中事后监管”；重庆自贸区提出“探索建立综合性金融监管协调机制，深入开展跨行业、跨市场的金融风险监测评估，加强对重大风险的预警防范，切实防范开放环境下的金融风险”；四川自贸区突出“探索建立与自贸试验区相适应的新型风险监管体系”。可见，不同自贸区对自贸区金融风险防控体系的建立上重点不同，但结合自贸区发展实践的新型风险监管体系、综合性金融监管协调机制、主体监管、建立事中事后监管体系、分类监管等内容已成为保障自贸区金融改革创新、推动金融稳定的重要内容之一。

海南自贸区在建立健全金融风险防控体系方面，强调要：“打好防范化解重大风险攻坚战，有效履行属地金融监管职责，建立区域金融监管协调机制，加强对重大风险的识别和对系统性金融风险的防范，严厉打击洗钱、恐怖融资、逃税等金融违法犯罪活动，有效防范金融风险。”

第五批自贸区的总体方案中虽然未将“建立健全金融风险防控体系”

作为一项独立任务单列，但方案中均提出要加强重大风险的识别与系统性金融风险的防范，在推进跨境融资便利化、增强金融服务功能和扩大金融领域对外开放的过程中，金融风险的识别、防范与预警机制的建立对于金融改革的推进和金融稳定具有重要作用。

二、自贸区金融创新的潜在风险

（一）系统性风险

所谓系统性风险是指一家银行倒闭引起其他银行连锁倒闭并殃及和损害整个金融体系引发金融危机的风险。传统上，中国金融业一直是闭合体系，资本项目的严格管制限制了中国金融企业参与国际金融市场的自由。但是，上海自贸区设立之后，自由贸易试验区成为畅通国内外资金双向流动的渠道。随着外资金融机构进入，区内金融行业市场主体将更加多元化，本国金融机构和国际的联系更加紧密，风险的传染性更加明显。

自贸区作为推进资本项目可兑换的前沿，随着外汇管理改革进一步深化以及跨境人民币使用进一步扩大，资金受国内外经济形势影响程度加深。资金的跨境流动会更加频繁、迅速，特别在利率汇率改革未完全到位的情况下，资金流动与境内外利差、汇差相互作用，可能会引致跨境资本的套利套汇需求集中释放，导致资金的大规模进出和异常流动，引起国际收支不平衡，产生跨境资金流动风险。

人民币跨境使用、人民币可自由兑换使得国际资本对国内金融市场产生的冲击很快传导到国内，一旦监管不力就有可能演变为引发系统性风险的恶性竞争。

具体来看，自贸区建设有望在利（汇）率市场化、人民币自由兑换、金融业对外开放、金融产品创新等方面率先取得突破，区内金融要素资源配置效率得到显著提高，金融自由化程度加强，但是系统性金融风险也更加易发。具体来看，在自贸区金融改革开放实践过程中，系统性金融风险可能来自以下几个方面：

1. 金融资产价格的波动

金融体制创新意味着在风险可控的前提下，逐步实现区内人民币资本项目可兑换、金融市场利率市场化、人民币跨境使用等改革。金融资产价格实现市场化定价，区内区外金融资产价格的差别定价造成的市场分割，会给市场带来脆弱性，引发系统性金融风险。

利率是引导资源优化配置进而提高全要素生产率的重要市场指标，形成市场化的利率水平对于促进经济转型具有深远意义。但利率市场化会对金融市场造成负面影响，首先造成的直接冲击是利率市场化会导致商业银行存贷款业务利差缩小，影响商业银行的盈利水平，商业银行需要根据这一变化及时调整业务类型、进行资产重构，规避利率价格波动给金融机构带来的风险。除此以外，自贸区内外利率价格决定机制不同会导致利率双轨制运行，出现套利风险和投机攻击行为，国外投机资本的高额进出，会引发利率价格的剧烈波动，影响金融市场稳定性。

汇率市场化是对跨境资本进行市场定价，汇率价格弹性将增加，自贸区金融改革汇率市场化需与利率市场化并行。但汇率市场化也会使国际的投机资本通过信贷渠道、证券市场渠道以及外汇市场渠道等进入国内，引发国内资本市场流动性失衡，影响汇率稳定性，汇率的过度波动会给国家的外汇管理带来难度。

2. 脆弱的金融生态环境

金融生态是指各种金融组织为了生存和发展，与其生存环境之间及内部金融组织相互之间在长期的密切联系和相互作用过程中，通过分工、合作所形成的具有一定结构特征，执行一定功能作用的动态平衡系统（徐诺金，2005）。良好的金融生态环境是金融稳定的基础。相对而言，自贸区金融发展对金融生态环境的要求更高，特别是区内外“双轨”运行，要求自贸区金融生态环境建设除区内金融市场环境建设之外，还需要重视区内外市场的协调。具体来看，我国金融生态环境存在以下几个方面的问题：

（1）市场流动性结构失衡。我国金融市场的结构、主体、产品同质化问题严重，金融市场多样性不足，直接导致金融市场的流动性风险。以股票市场为例，我国股票市场价格波动明显，一级市场和二级市场财富分配不均，市场流动性难以控制。自贸区金融改革目标之一是人民币国际化的逐步实现，资本账户的开放带来的直接影响是资本流动性将大大增强，市场将面对更大的流动性风险。

（2）市场风险分散能力不足。长期以来，我国金融市场的风险分散能力较弱，金融市场主体分散风险的应对措施单一。商业银行只能通过抵押信贷和流动性控制方法分散风险，而金融市场的风险则最终由投资者自身承担。金融脆弱性一旦爆发，金融风险将会累积直至系统性金融危机爆发，引发金融脆弱性的扩散。随着自贸区金融改革的深入，境内外的融资渠道将会打开，满足境内资本寻求海外投资的需求。但同时，由于互联网金融的发展，金融市场门槛较低，竞争日趋激烈，一旦宏观经济和市场出现变化，比如 2015 年年中出现的股市震荡和货币市场利率下滑，金融风险就会开始集中释放。市场信息不对称与市场信用体系建设不完善。自贸区的金融体系并非单独的系统，区内资源与区外资源的协调，不同片区之间的金融市场衔接、金融资源共享，跨境、跨区域经济活动都有可能形成信息不对称，也可能在资金往来过程中出现投机行为。

3. 金融产品创新风险

金融产品是金融市场的基础。金融改革创新重要内容之一就是金融产品的创新，这意味着新的金融工具将会不断涌现。但是金融创新过程中创造出的金融衍生工具，往往带有高杠杆的特点，从而增加了金融系统的脆弱性。2008 年美国爆发的金融危机就是由于过度复杂的金融衍生工具积累了大量的金融风险引发为全球性的金融危机。因此，自贸区在金融改革创新的同时需要规避和重视金融衍生品风险。

4. 金融风险跨市场跨区域的传染

一般而言，金融传染是指某个金融市场的危机导致多个金融市场之间关联程度显著提高或其他市场发生危机可能性显著增加的现象。广东自贸区产生的金融集聚现象对金融产业发展有利，但如国外热钱的涌入、洗钱活动、内幕交易、信息披露不充分等问题，也会在自贸区内形成风险的溢出效应，同时，自贸区金融风险会通过跨境、跨区域等渠道作用于我国系统性金融风险。广东自贸区自由贸易账户正在逐步放开，金融产品创新也在不断推进，贸易部门与金融部门之间联系更为密切和复杂，实体经济和虚拟经济的关联性进一步加强，金融风险的类型更为多元，风险传导的路径更为交错，境外金融风险可能经由自贸区途径影响到国内在岸金融的稳定。因此跨产业、跨市场的金融传染带来的金融风险也不容忽视。除此以外，对于自贸区金融改革创新而言，还需要面对有关金融市场基本功能认识的偏差，以及自贸区建设中改革思路同质性的问题。系统性金融风险监控不仅是金融改革的支撑，同时也应该成为自贸区金融体系建设的切入点。

（二）利率市场化风险

利率市场化在自贸区的先行先试会使区内和区外市场对利率波动的反应有所差异，给短期套利资本提供了空间，伴随而来的是套利风险，而自贸区内的金融主体代表是商业银行，利率市场化意味着传统的利率调节工具作用有限，伴随而来的是利差风险、利率风险、信用风险和流动性风险等，而商业银行首当其冲。这些利率市场化伴随的风险对区内金融业的监管要求大幅提升。

1. 套利风险

目前我国利率市场化处于利率双轨制阶段，即自贸区利率决定机制与国内机制共存及相互作用的阶段，这种利率决定机制会不可避免地出现利差，给投机者提供了套利机会。在自贸区金融改革初期很有可能区外利差会大于区内利差，此时大量国际套利资金利用自贸区的通道进入区内套利，再通过自贸区进入国内套利。一方面，资金短期地喷涌进入到股市或房地产等我国支柱型行业形成资产泡沫，给我国实体经济带来冲击；另一方面，改变国内的资金供求状况，使国内的资金供给供过于求，倒逼中央银行实行利率市场化。但是这样的利率市场化过程是有负面影响的，一旦国内利差缩小，区内或国外的利益高于国内，资金就会倒流出国内，造成利率的大幅波动，这对自贸区金融市场乃至我国整个金融市场的稳定性产生了威胁，不利于金融改革的稳步推进。

2. 信用风险

利率市场化后存贷款利差必然减小，为避免在竞争中淘汰出局，银行间容易产生恶性竞争，利率在短期内必然大幅提升。银行在信贷市场上属于信息弱势的一方，不能完全了解贷款人的道德品质和贷款项目的风险程度，而贷款人对自己的经营状况和投资项目风险了如指掌，因此商业银行在发放贷款时只能根据市场上企业的平均风险状况来决定贷款利率水平。在自贸区实行利率市场化的情况下，区内商业银行的这种逆向选择风险会增加。因为一方面随着利率市场化利率的最高限的解除，使得商业银行追求高利润的内在冲动成为可能，银行为实现利润最大化倾向于提高利率，这导致那些不喜欢违约、较安全的、低风险偏好的企业退出信贷市场，市场上只剩下风险较高的贷款对象。另一方面商业银行的高利率也会刺激贷款的企业风险偏好的提升，使大量信贷资金流向房地产等高风险领域。这些都会导致商业银行的信用风险增加。

3. 利率风险

所谓利率风险是指利率的不利变动给银行财务状况带来的风险。利率风险中最常见的表现形式就是利率变动影响到银行的净利息收入和其他利息敏感性收入，使银行的当期收入产生波动。此外利率波动将改变银行资产、负债和表外工具的市场价值，银行可能会开发和更偏好高风险的融资工具进而改变银行的资产结构和质量。习惯于享受垄断价格政策红利的中国商业银行缺乏应对利率风险的经验，目前的管理制度下又缺乏相应的规避利率风险的工具，因此建立应对利率风险的管理体系，是防范自贸区面对利率市场化所带来的风险的迫切课题。

三、统计监测风险

天津自贸区统计报表制度于 2017 年获国家统计局批准并启动，由天津市统计局和天津自贸区管委会牵头组织实施，对反映自贸区所在各功能区经济运行情况、市场主体情况、企业生产经营情况、投资情况、进出口额情况、商品销售额情况、零售额情况、金融情况、重点创新业务情况、司法办案情况等进行统计。但由于金融创新涉及到的金融机构、个人、类金融公司及种类繁多的金融产品，需要由事中事后监管体系和信息监测系统等进行全面一体化的统计监测，当前天津自贸区专门对自贸区整体金融数据统计监测系统尚未完全建立，技术支持不到位，难以及时识别风险，弱化了金融风险监测效果和防控。例如，在融资租赁领域，天津自贸试验区还没有设立标准、规范、完整的融资租赁业统计机制和评判指标系统，且租赁公司信息化的意识还比较弱。融资租赁业务与不同行业领域的关联性较大，同时其本身对社会资源的整合能力强，开展业务过程中所涉及的多方合作造成了融资租赁行业统计信息量需求巨大，统计信息的时效性和精确度要求极高，而统计信息化的缺乏制约了天津自贸区融资租赁业的创新发展（陈月生，2016）。

四、监管风险

随着自贸区不断开放，金融机构创新动力增强，跨区和跨境金融业务的复杂性也将大大增加（张瑾，2015）。现行分业监管方式难以有效应对越来越复杂的金融风险，对创新金融产品易产生监管盲区。此外，自贸区不是一个独立的金融系统，而是衔接境外与境内“两种资源”和“两个市场”的通道，也是金融风险传递的跳板。跨境、跨区域造成的信息不对称以及资金来往过程中可能存在的“热钱”和洗钱活动，将使风险逐步凸显，自贸区内的金融风险会通过跨境、跨业和跨市场等渠道对境内区外金融体系进行渗透（孔蕊，2016）。天津自贸试验区金融发展面临许多风险监管问题，如政府及租赁机构对融资租赁风险把握不够，尤其是风险管控水平低、融资租赁专业知识匮乏以及缺乏相关实践经验。

第二节　我国自贸试验区金融监管的现状

我国自贸区的金融监管具有一定特殊性，主要体现在监管原则、监管主体和监管对象当中。

一、自贸区金融监管的特殊原则

1. 风险监管原则

各自贸区内的金融创新和金融业务开展，需要在风险可控的前提下进行。这与我国现阶段传统金融监管有所不同，一直以来，我国对金融业主要采取的是规则性监管，即通过较为体系化的法律法规去规制相关市场中的金融活动。自贸区内推行的各种金融创新，对于金融行业而言，金融衍生品的创新和风险防控同样重要，风险监管原则是自贸区内开展金融创新的核心原则和基础，同时，风险监管也对自贸区内金融监管的灵活性、前瞻性等提出了要求。

2. 金融自由化原则

在自贸区内推进的金融改革与开放举措是我国推进金融市场与国际接轨的试验田，通过在自贸区内的试点试验、部分开放，一方面能够防止系统性金融风险的发生，同时也能够将以自贸区为代表的金融试验区置于国际化和市场化的实践当中，进行“压力测试”，能够对我国金融市场的抗风险能力进行检验。因此，金融自由化需求是我国金融市场改革的根本动力，金融自由化发展需要适当放宽监管范围、改进监管方式。

3. 审慎监管原则

审慎监管原则是金融业特有的一项监管原则。审慎监管也称为“结构性的早期干预和解决方案”，目的在于金融监管机构要尽可能早地发现金融风险的存在或者尽可能地赶在风险进一步扩大前采取有效措施，以弥补金融风险所造成的损失。金融监管机构努力构建应对金融风险的风险防范体系，无论是宏观审慎监管还是微观审慎监管，都是在维护金融消费者对于金融机构和金融市场的信心。

二、自贸区金融监管法律现状

由我国国务院牵头的行政机构以及各个监管部门针对自贸区的建设，对于相关金融机制的改革作出了具体的规定和措施，在制度上对于自贸区的金融改革进行支持。对于自贸区的金融开放和金融创新，要完善监管服务体系，与金融创新相适应。我国现行的金融监管法律体系，与自贸区相关的金融法律法规，主要分散在《中国人民银行法》《证券法》《保险法》《中资银行行政许可事项实施办法》《中资商业银行行政许可事项实施办法》《离岸银行业务管理办法》《离岸银行业务管理办法实施细则》《境内机构对外担保管理办法》和《合作金融机构行政许可事项实施办法》等法律法规中。

在金融监管制度的构建中，上海自贸区自挂牌之后，“一行三会”先后出台金融支持自贸区建设的政策措施和实施细则，基本形成自贸区金融开放创新的制度框架，实施一系列金融监管措施，在相关会计准则、银行业监督管理办法、风险管理以及风险防范等领域推进监管创新。后续成立的自贸区在借鉴上海自贸区发展经验基础上，结合自身开展的金融创新业务推进金融监管机制不断完善、构建金融风险防控体系、开展事中事后监管等。

比如，在银行业务方面，中国人民银行针对自贸区银行业务的开展颁布了各种通知及实施细则，以支持银行业在自贸区内的发展，如《中国人民银行关于金融支持中国（上海）自由贸易试验区建设的意见》《关于金融支持中国（福建）自由贸易试验区建设的指导意见》《关于支持中国（上海）自由贸易试验区扩大人民币跨境使用的通知》等。中国人民银行发布的支持各个自贸区建设的指导意见以及关于自贸区反洗钱和反恐怖融资工作的通知中，虽然规定账户之间可以自由流动，给予其便利，但是这种自由仅针对资本经常项目下资金的流动，实质上讲，我国领域之内的货币兑换还是处在严格的监管之下，因为根据银保监会的规定，货币的兑换仍然需要一个成熟的环境和空间。

总体上，自贸区的金融监管制度是散见于各种规定当中的，并未形成完整和科学的体系，并且对于具体问题的规定存在着一定的冲突，而且监管机构的监管职能单一、监管职权有限，没有办法对自贸区内即将开展的一系列金融创新活动进行引导和规范。

三、自贸区金融监管主体的现状

从国家层面来说，因为我国金融业实行的是分业经营、分业管理的体制，所以以往我国的金融监管是由中国人民银行、银监会、证监会、保监会为监管主体的“一行三会”的监管模式。但 2017 年我国开始对金融监管主体进行改革。首先，在中国人民银行内设立国务院金融稳定发展委员会

（以下简称金稳会），明确了金稳会的职责主要是统筹金融改革发展以及监管等各方面的事项。其次，在2018年的《国务院机构改革方案》当中将银监会和保监会的职责整合，组建中国银行保险监督管理委员会（以下简称银保监会）。并且将银监会和保监会拟订银行业、保险业重要法律法规草案和审慎监管基本制度的职责划入中国人民银行。为了更好地适应金融监管需求，国务院各机构职能逐渐整合，我国就形成了以“一委一行两会”为金融监管主体的新监管体制。

上海自贸试验区于2014年成立了高规格的金融工作协调推进小组，小组下设金融工作协调推进小组办公室，强化不同金融监管部门的协同监管，配合国家金融管理部门推动上海自贸试验区金融改革创新和先行先试，积聚资源营造更好的自贸区金融改革开放环境是小组的主要任务。由上海市常务副市长担任组长，由市政府副秘书长和自贸区常务副主任担任第一副组长。副组长由中央金融监管机构驻沪分支机构负责人，以及上海市金融办主任出任。小组成员包括上海市政府13个相关部门的负责人、中央金融监管机构在沪分支机构主抓自贸区工作的负责人，协调小组办公室设在上海市金融办。

天津自贸区于2016年成立了中国（天津）自由贸易试验区金融工作协调推进小组（以下简称“小组”），由（天津市）副市长任组长，成员单位包括市金融局、人民银行天津分行、天津银监局、天津证监局、天津保监局、自贸试验区管委会、市商务委、市发展改革委、市财政局（地税局）、市国税局、市市场监管委、天津海关、滨海新区政府和自贸试验区三个片区管委会等16个部门。领导小组下设办公室，办公室设在市金融局。围绕建立健全跨部门联动机制、增强自贸试验区金融创新工作合力开展工作，完善自贸试验区金融机构体系，促进金融对内对外开放，推动自贸试验区金融业务创新，促进金融服务自贸试验区实体经济发展，服务京津冀协同发展。

四、自贸区金融监管对象的现状

随着我国金融的发展和自贸区的进一步开放，我国的金融行业无论在深度还是广度上都会有很强的需求和飞越。自贸区金融监管的内容从不同角度看有不同的方面：从金融机构的工作性质看，有事务性监管和业务性监管；从监管目的看，有合规性监管和审慎性监管；从金融业务流程看，主要有市场准入监管、业务运作过程监管和市场退出监管。

从天津自贸区金融开放创新实践看，《中国（天津）自由贸易试验区管理办法》第五章是金融创新，鼓励各类金融机构根据国家规定在自贸试验区进行金融产品、业务、服务和风险管理等方面的创新；鼓励自贸试验区内企业利用境内外资源和市场进行跨境贸易和投融资；支持自贸试验区内符合条件的企业按规定开展人民币境外证券投资和境外衍生品投资业务；支持自贸试验区内银行机构按照银行间市场等相关政策规定和我国金融市场对外开放的整体部署为境外机构办理人民币衍生品业务；支持自贸试验区内设立的股权投资基金按规定开展人民币对外投资业务；等等。该《管理办法》指出金融管理部门应当加强对金融风险的监测与评估，建立与自贸试验区金融业务发展相适应的风险防范机制。开展自贸试验区业务的金融机构和特定非金融机构应当按照规定，向金融管理部门报送相关信息，履行反洗钱、反恐怖融资和反逃税等义务，配合金融管理部门管制跨境异常资金流动，落实金融消费者和投资者保护责任。①

随着自贸区内金融业务的不断发展、金融产业链的不断延伸，金融监管的对象也越来越宽泛。只是关注传统的银行类金融机构是不能满足对自贸区金融监管的要求，只要是在自贸区内开展金融业务的市场主体，均应当纳入金融监管的对象范围。

① 中国（天津）自由贸易试验区管理办法（天津市人民政府令第15号），2015年4月17日。

第三节　我国自贸试验区金融创新与监管存在的主要问题

我国自贸区并非法律意义上的行政地区，而是基于国家改革战略需要，由政府批准成立的一个特定区域。从自贸区金融创新政策实施情况看，目前存在的法律问题主要包括法规冲突、监管空白和监管缺陷等问题。

一、金融监管立法制度不完备

相较于国家立法而言，地方金融监管制度的最大优势在于其制定的灵活性，自贸区自由开放的特征更需要灵活多变的制度规定。自贸区地方监管制度能够因地制宜、因时制宜，制定最符合本地实情的政策措施，能够有效地激发自贸区的发展活力，带动自贸区乃至整个地区的经济发展。金融监管措施的制定还有助于地方政府积极履行行政管理职责，地方政府在自贸区建设的第一线，更应当肩负自贸区建设的重任。地方监管制度与法律相比，效力较低且适用范围有限，因此制定所耗时间较短，费用支出也少，这样做降低了立法成本，同时还提高了自贸区发展的效率。然而，当前，我国自贸区现有的监管制度对于自贸区的金融监管并不全面，比如，大连自贸区从现有的监管制度内容来看，主要规定了金融监管的组织协调性，加强风险防控与管理，加强反洗钱、反恐怖融资管理和金融消费权益的保护四个方面，无法涵盖大连自贸区金融监管的主要内容，金融创新发展与金融监管制度措施不匹配，不利于自贸区金融稳定有序发展。此外，我国自贸区还存在着金融创新业务立法框架不完善，政府部门制定的规章等规范性文件在内容上大多采用

“可以”“支持”“鼓励”等较为模糊、仅具有指导性不具有操作性的措辞，无法满足自贸区金融创新实践的需求。

二、金融市场准入制度混乱

（一）金融市场准入范围过窄

金融市场秩序的建立在很大程度上需要依靠事前市场准入制度的调控，市场准入的放宽与紧缩都会影响金融主体进入市场开展金融活动。自贸区的目标之一便是加大金融领域的开放与创新，但实际上市场准入制度和行政审批制度却限制了自贸区金融发展的活力。在市场准入制度下，大连自贸区对于允许进入部分金融领域的主体范围规定过窄。例如，在离岸金融发展方面，在辽宁自贸区的总体方案中鼓励支持建立离岸金融平台，推动离岸金融业的发展，但方案也只是强调支持中资商业银行扩大业务范围，创新离岸金融产品，对于外资银行进驻自贸区并开展离岸业务并没有规定。因此，在对外开放、放宽限制的大背景下，是否应该放宽大连自贸区内离岸金融业务准入的限制，让更多有实力有经验的外资银行进入。

（二）行政审批制度较为严格

虽然负面清单制度对外商准入领域放宽了限制，但是这并不意味着行政许可审批事项可以放宽条件。目前我国全面推行“先照后证”改革，自贸区金融市场主体在取得营业执照后，即可从事一般生产经营活动，但是对于部分经营活动仍然需要行政许可审批。金融市场主体在未取得审批同意之前，不得擅自从事相关经营活动。“证照分离”的好处是金融市场主体在取得营业执照后便可开展经营活动，同时也不耽误对行政审批许可事项的申请，为金融市场主体发展节约了宝贵的时间资源。但是对于法律、行政法规或者国务院决定中规定需要前置审批的经营活动，金融市场主体也必须要在申请办理营业执照前，依法办理审批手续。因此在这样的大环境下，大连自贸区鼓励支持金融创新，提高自贸区市场发展活力的同时，对市场经济金融创新活动仍然有较为严格的监督审批。例如在跨境第三方支付领域，第三方支付平台取得跨境支付业务需要外汇管理局的批准；银行创新业务的开展也是需要提前经过银监局的许可。不可否认的是，严格的行政审批是实施市场监管的有力措施之一，也在一定程度上控制了金融风险的发生，但这种措施和理念却与自贸区自由开放的精神背道而驰，并非自贸区发展的长久之计。过高的开放门槛只能让人望而却步，同时拉低放慢自贸区发展的脚步，使自由贸易徒有虚名。

三、金融风险防范制度不完善

（一）金融风险防范手段单一

自贸区金融发展主要围绕着人民币跨境使用、利率市场化、离岸金融以及外汇管理改革等方面进行，在发展金融的同时，风险也在增加。大连自贸区金融监管主要内容是对跨境资金流动的监测、打击金融市场存在的虚假合同或虚构交易业务，反洗钱、反恐怖融资、反逃税和金融消费权益保护这几方面。然而大连自贸区在面对金融风险时的应对手段，却主要还是通过现有的零散分布于各个法律规范当中的规定对金融市场进行监管，属于合规监管。合规监管依赖于金融法律规范，但却对金融创新等新事物无法做到监管，具有明显的滞后性。

合规监管注重事后的惩罚性，而并非事前的防范性，难以做到对市场风险的预警。除了合规监管以外，大连自贸区是否还可以摸索出应对金融风险的具体制度。结合当前大连自贸区金融监管内容，出台有针对性的、可实施性的风险预警制度。依靠法律手段来应对金融风险只是风险防范的一个方面，更多的应当是将法律、经济、政策制度等手段相结合，共同遏制风险的蔓延。

（二）金融监管信息披露制度不完善

大连自贸区金融风险防范制度构建应该是全方位的、动态的监管体制，这表现在除了对金融主体、金融行业的监管以外，还应当注意金融交易活动的监管，特别是金融创新活动的监管。不仅如此，大连自贸区的金融风险防范制度还需要监管主体的全方位，包括自贸区管理委员会、人民银行大连市中心支行、证监局、银监局等在内的政府机构共同构建对金融的监管。要完成这样规模宏大的金融风险防范制度离不开金融监管信息的及时披露。但目前大连自贸区金融监管过程中，金融监管的信息披露制度仍然不完善。前文中提到大连市抓紧建设事中事后综合监管平台以及公共信用信息服务平台，这些公共服务平台都有对金融监管信息的披露，但是这些平台仍然在建设当中，目前金融监管信息仍然广泛分散。无论是事中事后综合监管平台还是公共信用信息服务平台，都是由政府部门打造，发布的内容也是政府官方收集的资料，而作为市场主体的金融机构在金融信息披露方面的规定却是空白。因此，不仅要规范政府部门作为监管主体的信息披露职责，也要对金融机构的信息披露义务做出规范。

四、金融创新监管存在真空地带

（一）宏观审慎监管制度缺失

党的十九大报告中提出要深化金融体制改革、健全货币政策和宏观审慎政策双支柱调控框架和守住不发生系统性金融风险的底线等，这些要求同样也适用于自贸区金融创新改革。宏观审慎管理的核心要义是从宏观、逆周期的视角采取措施，防范由金融体系顺周期波动和跨部门传染导致的系统性金融风险。实践中贯彻上述监管要义就是除要有对不同金融机构的专业监管外，还需要从宏观角度对金融活动进行系统性监管。当前，中国金融监管“双峰”监管模式雏形初步形成，即人民银行负责宏观审慎监管，银保监会负责对银行和保险业市场的功能监管、行为监管和机构监管。因而，国家层面的宏观审慎管理的框架结构基本已经搭建。但具体到自贸区层面，由于法律法规尚未明确自贸区所在地人民银行分支行对区内金融运行的宏观审慎管理职责，区内实施宏观审慎管理所需的技术、程序、手段等支持性要素缺乏法律赋权，产生了自贸区金融创新宏观审慎监管效力的不足。

（二）微观审慎监管措施尚未全面

金融监管部门有关自贸区金融改革发布的规章和细则等主要侧重创新改革内容，而对改革可能带来的资金流动加剧、金融投机行为增多、热钱进入、利率浮动以及系统性风险增多等相关监管措施却鲜少规定。以上海自贸区各金融监管部门出台的金融创新政策为例，金融创新内容占绝大部分，而具体的金融监管措施仅人民银行和银监会的意见中有关于“完善监测与管理”的六条规定，并且属于原则性、指导性规定，没有进一步对具体监管措施和实施内容进行说明。另外从各个自贸区对外公布的金融创新案例来看，金融服务、金融产品和业务等方面的创新层出不穷，但是金融监管方式的创新案例却非常有限。自贸区内的金融监管仍然在“一行两会”的监管体制框架下来进行，区内仍然以微观审慎监管为主，尚未确定具体承担宏观审慎管理的机构。

五、金融创新监管方式存在一定缺陷

（一）机构自律性组织尚未纳入自贸区金融创新监管法律框架

综观各自贸区所在地政府出台的条例或是管理办法均提及了综合监管的理念，即提高区内监管参与度，推动形成行政监管、行业自律、社会监督、公众参与的综合监管体系，支持行业协会、商会等参与自贸区建设。金融业行业自律协会的业务主管部门应该为对应的“一行两会”等金融监管部门。但是，上述金融监管部门出台的支持意见中均没有涉及要发挥行业协会对金融监管的协同和有益补充方面的内容，这种法律制度设计层面上的缺位，也就造成了在对自贸区金融创新业务进行监管的过程中，行业协会的自律和协同的作用得不到充分有效发挥。

（二）缺乏有效的金融风险协同处置机制

在各自贸区地方性法规和各金融监管部门陆续出台的支持政策中，金融监管协同机制主要包括建立综合监管平台，加强金融监管部门协调沟通，保持信息及时充分分享等内容，金融监管协同基本上停留在监管信息的沟通阶段，尚没有从法律层面对金融风险协同处置进行详细设计。从学理角度来讲，金融创新提升金融效率，产生更多更新的金融产品，给经济发展和金融体系带来好处的同时也可能带来更多风险。自贸区是我国金融改革的前沿和试验田，金融管制放开会带来金融要素的更快和更复杂流动，因而，金融风险的防控应该作为金融监管的重点要义。金融风险防控包含预防和处理两个层次的内容，风险的预防可以通过监管层信息共享交互来实现，但是金融风险处置却不能仅凭借上述信息沟通机制实现。

（三）国际金融监管合作法律支持不足

我国自贸区是要建成投资贸易自由、规则开放透明、监管公平高效和营商环境更加便利的国际标准自由贸易园区，为实现这一目标，各自贸区在政策创新过程中都着力放宽入区主体参与区内市场各项交易的资格，对区内主体进行境外金融活动给予了大力支持，这些支持措施促进了区内频繁而大量的金融资本和资金跨境流动，使区内金融市场与境外金融市场联系越来越紧密，也就必然需要通过与域外多边或双边的沟通合作，在平等沟通的框架下致力于解决创新发展给双方金融市场带来的各类问题和挑战。但从目前情况来看，自贸区金融监管国际参与度还有待进一步提高，涉及制止内幕交易、追查跨境金融犯罪方面的法律法规建设还应加强。如在反洗钱、反恐怖融资领域，我国目前虽然已经成为 FATF（金融行动告别小组）的成员国，按照国际标准建立了适合国情的反洗钱制度顶层设计，但在这一领域所处的地位是国际规则的遵守者，尚未通过高水平的国际交流与合作发出中国声音，贡献中国智慧。因而，在反洗钱监管过程中往往受制于西方发达国家，在目前我国金融机构的境外分支机构因反洗钱履职不力而遭受监管措施过程中，可以采取的反制措施非常有限。因而，在金融不断开放的自贸区法律规制上嵌入更多的国际金融监管合作交流内容非常必要。

第五章　国外自由贸易区金融监管的经验与借鉴

第一节　国外自由贸易区金融监管实践

自由贸易园区建设为贸易、投资提供便利的同时，由于部分激励措施削弱了对金融和贸易的管控与执法，容易被洗钱和恐怖分子融资创造机会，严重时将危及国家金融安全，这是世界上所有自贸区建设的软肋。因此，在各国着手建设自由贸易园区的过程中，一方面，以自由贸易园区为载体开展货币自由兑换、宽松外汇管理等金融创新业务；另一方面，不断加强自由贸易园区的金融监管，以充分发挥金融对区域发展的支撑作用，降低金融风险。

在我国已设立的18个自贸试验区的总体方案中，将“推进金融制度创新”作为重点任务的自贸区只有上海自贸区、天津自贸区和陕西自贸区三个，表明中央对自贸试验区的金融制度创新比较慎重。

一、迪拜国际金融中心的金融监管创新

迪拜国际金融中心（DIFC）的监管创新为自由贸易园区的金融监管提

供了一个较好的蓝本。迪拜政府于2004年9月设立DIFC，使其成为迪拜10多个自由区中的一个，并将金融服务业作为仅次于旅游业的重点开放产业。迪拜国际金融中心不受阿联酋央行的管制，只接受金融服务管理局的监管，自建立开始就吸引了大量金融机构进驻，截至目前大概有900家企业在该区域内运作，其中有近400家是金融机构。在这些金融机构及其他企业纷纷在DIFC挂牌营业的基础上，DIFC的证券交易所和商品期货交易所等市场也迅速建立起来。

迪拜国际金融中心自建立以来取得如此大的成功，很大程度上归功于其制度上的设计，尤其是金融监管方面的创新：

第一，迪拜国际金融中心借鉴英美法律体系，专门建立了一套不同于本国的民事、商事法律体系。出台《监管法》《合同法》《劳动法》《破产法》《仲裁法》《财产法》《数据保护法》等法律法规，并通过立法授予监管主体合理的监管权限，授予迪拜金融服务局制定法规、发展政策以及相应的在其管理下落实有关立法的权力。

第二，成立独立的风险性监管机构——迪拜金融服务局（DFSA），主要负责在迪拜国际金融中心的相关机构执照授予及其金融服务活动的持续监管。该金融服务局作为综合性的管理机构，其监管范围包括资产管理、银行和信贷服务、证券、集体投资基金、商品期货交易、托管和信托服务、伊斯兰金融、保险（放心保）、一个国际证券交易所以及一个国际大宗商品衍生品交易所。具体职责上，包括政策和法律制定、授权、识别、监管、执行以及国际合作等六方面。此外，迪拜金融服务局还负责对涉及反洗钱、反恐融资、制裁合规的人员的监督与管理。

第三，建立迪拜仲裁中心，并拥有一套法院系统，确保法律的安定性和可预期性。颁布了《迪拜国际仲裁中心基本法》，以适应全球发展形势的变化，在处理和解决纠纷方面向发达国家通行的最佳做法看齐。作为自主仲裁机构全权调解、仲裁国际和国内的商业纠纷，并确保仲裁决定的实施，为企业提供富有经验的国际国内调解、仲裁服务，解决国内外商业纠纷。

第四，以风险性、原则性为监管理念。作为自贸区的金融监管机构，迪拜金融监管局定位于“成为立足于风险的监管者并且避免不必要的监管负担”。其直接任务是缓解风险，然而用以缓解风险的监管框架下的合规责任应符合比例原则，这样被监管企业才能及时有效地去履行合规义务。迪拜金融服务局作为一个高效率、现代化、独立性强的监管机构，使迪拜国际金融中心逐渐发展成为一个安全、发展为导向的商业平台。

二、美国纽约自由贸易区的金融政策与监管

美国是全球金融业最发达的国家，其金融开放和金融自由化程度也是全世界最高的。美国纽约自由贸易区的经济政策主要有四大特点：

第一，相较于其他地区有更强的开放性。自贸区不受国内关税的影响，区内产业商品全面对外开放，商品自由流通，货物可以自由出入境。

第二，更大的自由度，尤其是指不限制经营方式；金融自由，包括外汇的自由兑换、资金的自由出入、资金的投资自由、国民平等待遇等。

第三，较为宽松的监管环境。放开一线，管住二线。最大限度的最低行政管制，将手续最简化。

第四，更加优惠的政策，如关税豁免、所得税和其他税收的减免、信贷放宽、资本和利润的自由汇出、开放内销市场，允许区内企业的产品内销2/3等。

纽约的离岸金融市场属于内外分离型离岸金融市场，管理当局对非居民交易与国内账户进行严格分离。国际银行设施的交易严格限于会员机构与非居民之间，非居民交易与国内账户必须严格分离，禁止非居民经营在岸业务和国内业务；存放在国际银行设施账户上的美元视同境外美元，与国内账户严格分开。美国在岸金融市场的业务范围包括市场所在国货币的境外业务，

而在管理上把境外美元与本土美元严格分账。

纽约离岸金融市场采取了一系列措施将在岸金融业务与离岸金融业务进行严格划分：

（1）利用国际银行设施从事国际银行业务免于缴纳存款准备金和不受存款利率限制的只限于：吸收外国银行、外国公司、外国居民、其他从事国际银行业务的机构的存款，或向外国居民及其他从事国际银行业务的单位机构提供的贷款。

（2）国际银行设施不得接受美国居民存款或向美国居民贷款。国际银行设施不得向居民发行可转让的定期存款单，不得做银行承兑业务或其他可转让票据业务。

（3）国际银行设施只能接受国外非银行客户用于支援海外业务的存款，并只对需要自己融通的海外业务提供贷款。

（4）国际银行设施只能吸收外国居民、外国银行和公司、美国在外国公司的存款，存款的最低金额为 10 万美元。非银行客户提取存款需提前两天通知，银行提取的通知期为一日。

三、新加坡金融中心的监管机制与主要政策

新加坡近似于一个自由贸易园区，采取宽松、自由、开放的外汇管理和金融政策。自 20 世纪 60 年代开始，新加坡采取了一系列有利于金融业发展的策略，成功发展了离岸金融市场，建成区域性国际金融中心和亚洲美元市场中心。在国际金融中心的建设过程中，新加坡政府采取对外开放与调控管理并举的方针，本地银行逐步具备了同国外银行竞争的能力。新加坡的金融监管机制具有监管当局的独立性、混业经营体制以及银行业监管注重管监分离和有效协作三个特点。

（1）新加坡金融管理局是新加坡金融监管的主体，它同时具有中央银

行金融调控与金融混业监管两大职能。新加坡金融管理局是 1971 年经议会批准设立的国家法定机构，是新加坡的中央银行，负责对新加坡各类金融机构实行统一的监督管理，同时负责本国的货币政策、金融业的发展规划等任务，承担着维护经济持续发展和促进金融业健康运营的职责。金融管理局的金融监管职能由“金融机构监管组团”实施，包括银行署、保险署、证券期货署、市场体系与风险顾问署、监管政策署、监管法律服务署组成。此外，新加坡政府直接投资有限公司和存款保险公司分别承担外汇储备与存款保险的部分监管职能。金融管理局的监管权限最大、最集中。财政部和各监督委员会的有关金融监管的职权限于研究、制定金融制度和金融市场管理的基本框架，在修改金融监管法规时需要同金融管理局协商。因此，金融管理局具有较强的独立性，保障了宏观调控和金融监管的权威性。

（2）金融监管由分业监管向混业监管转变。1998 年之前新加坡实行分业监管，金融监管职能由金融管理局、货币局和财政部的监管委员会行使；1998 年以后，监管权力向金融管理局集中，2003 年货币局并入金融管理局，金融监管向混业监管模式转变。

（3）新加坡在金融监管制度上，实行严格的市场准入和退出机制、谨慎的风险管理原则，并不断完善风险管理体系，形成了相互制衡的人事制度和有效的公司治理机构，以法律保障金融监管的有效性，通过严格执法大大提升金融管理局的监管力度。

在市场准入与退出方面，新加坡金融管理局严格限制金融机构的准入，外资银行在新加坡设立机构，必须经所属国中央银行批准后，向新加坡金融管理局提出申请，一般需要 6 个月时间进行审批，如果获得批准，需要确认接受新加坡金融管理局的有关附加条件，包括资金流动性、经营水平以及相关法律法规等方面。对外资银行设立机构的审批，坚持高标准、严要求，并对各类银行业务范围有明确规定。金融机构的市场退出按市场原则进行，政府不干预机构的设立与撤并，机构退出需首先清算、偿还个人和公司债务后依法清盘。由于新加坡严格的金融机构准入和退出机制，货币可兑换后，大量的合规性监管交由金融机构直接处理，金融机构成为实施有效监管的“中介机构”。

在监管原则上，为实现金融体系的稳定和高效运转，新加坡对金融机构采取了谨慎的监管原则。金融管理局建立了资本监管预警系统对金融机构的资本充足率进行监控，根据资本风险资产比率将银行划分为资本良好、资本充足、资本不足、资本严重不足、资本致命不足等几种类型，并采取不同的监管措施。在流动性监管方面，综合考虑存款的构成及其稳定性、对利率敏感性资金的依赖程度及借入资金的频率和数量、负债结构、资产变现能力、融资能力等，并规定银行放款总额不得超过该银行自有资本和盈余的1.5%。为防止新加坡元受到冲击，设置了四道防线：一是颁发不同许可证限制外资银行经营新元业务；二是使所有金融机构的新元账户与非新元账户完全分离，明令严禁新元用于金融投机，对新元境外使用也有具体限制；三是利用电子支付系统等现代化科技手段实时监测所有经营新元银行的新元账户，实时监测新元流向，严格执行新元非国际化方面的各项法规；四是必要时入场干预。

新加坡金融管理局建立了系统的监管程序和完善的风险管理系统。第一，建立充分的信息披露制度，包括公司治理、经营状况以及风险管理等方面，确保监管当局及时了解金融机构的运作情况。第二，将非现场监管置于主导地位，采取全方位搜集信息、全面风险评级、全程跟踪完成非现场监管工作，通过建立较为完善的监管信息处理系统实现“非现场监管——现场检查——风险评级——非现场跟踪监管”的良性循环。第三，借鉴美联储的CAMELS评级法，结合新加坡银行业实际，对本地银行和外资银行分别建立CAMELS评级系统，形成较为完善的风险分析系统。第四，非现场监管人员和金融机构高级管理层时刻保持联络，获取真实信息，实现监管信息资源共享和风险评估，提高监管效率。

新加坡政府通过一系列的法律法规保障金融监管的有效性。新加坡金融法律体系由银行法、保险法、证券法、期货交易法、基金管理法、外汇交易法等组成，通过法律将监管权力和监管标准固定下来，保障监管工作的严肃性和规范性。

四、德国金融监管体制与金融创新

德国是西方国家中银行监管制度较为完善、监管效果较理想的国家之一。德意志联邦银行和德国联邦金融监管局负责对德国金融业进行监管。联邦金融监管局集银行、保险、证券监管和资产管理于一体。由于德国实行混业金融制度，德国联邦金融监管局实际上总体负责对银行、保险公司、证券市场以及政府资产的监管，隶属财政部，但在行政和监管裁决上享有极大的自主权。德国制定了一套严格而缜密的金融法律制度体系，把全部金融活动都纳入法律范畴。德国金融监管系统是一个法律法规相当完备，自我监管、社会监管和政府监管相结合，法律裁决作为终审判决的有机整体（刘绮涛，2009）。

联邦金融监管局依法独立履行职责，不受任何机构制约，其监管目的是要保证金融机构业务经营的合规性和安全性，防范金融风险，保障投资者和债权人的资产安全。重新明确划分德国联邦金融监管局和德国中央银行对银行业监管的职责范围，减少监管真空和重复监管的发生，避免各监管部门之间权利的争夺和相互摩擦，从而降低执法成本以及各监管部门之间的协调成本。监管组织结构的加强和监管效率的提高可以增加监管部门自身的效益，而有效的监管体系也可以同时提高被监管部门的经营效益（张留禄等，2008）。

德国在自由贸易区的金融开放上，实行渐进式的改革策略，在符合国家整体金融开放策略的基础上，循序渐进地进行金融创新，先以服务自贸区企业为主，适度创新突破现有政策约束，待证明之后，再逐步推向全国。汉堡自由贸易港，素以“贸易自由、金融自由、投资自由、运输自由”而著称，较高的金融服务效率使其成为德国的保险业中心和仅次于法兰克福的金融中心，信贷银行尤其发达（李友华，2006）。特别是汉堡港在本国金融改革上充分发挥先行先试的作用，其先进经验特别是有效的监管措施在德国得以推广（郭文婧，2013）。全能型银行制度便是汉堡金融体系的探索成果，其不仅降低了银行服务于经济的标准和成本，而且加快了货币在各个金融部门之间的流通速度，使得区内的金融市场对于经济变化更敏感、反应更迅速，大大减少了来自于资本流动引发的金融风险。更重要的是，该制度也为自由港内的经济发展起到了极大的促进作用。

汉堡自由贸易港金融监管体系是以本国金融监管局为主，中央银行、审计机构和相关行业协会为辅的监管体系。德国联邦监管局总领区内的金融监管工作，对区内的各项金融活动以及区内整体金融市场进行宏观监管；在联邦监管局之下，德国中央银行在汉堡区内建立分支机构，负责对区内的所有金融机构及金融市场进行日常监管工作，收集金融运行和监管的各项信息并上报给联邦监管局；而其他监管机构及行业协会主要负责辅助协调监管当局的各项具体监管工作，督促金融机构实施监管政策，进行行业自律。与此同时，在银行业的具体监管要求上，当局在注重建立内部自我约束机制和内部监控体系的基础上，还要求各银行将其分支机构及银行集团不同时期的资产及负债做汇总报表，以便对其资本充足率、资产质量、抵御风险的能力、资产的流动性等指标进行定期分析评价，实现并表监管，而各银行在汉堡自由贸易港内的分支机构的指标状况极为重要。

汉堡自由贸易港的金融监管方式及手段与本国区外大致相同，主要有以下几种：一是观察，区内的联邦监管局和中央银行分支机构通过对金融机构的报表和报告进行分析，来观察区内的金融运行状况，以便及时发现问题并纠正问题；二是调查，区内监管当局一旦发现区内某家金融机构存在问题，便可直接通知其董事会，要求其对发现问题进行具体说明，勒令其限期改正，或当局直接派人去该机构查阅相关账目；三是检查，在金融监管中，一般是由金融机构的审计员主动向监管当局提交审计报告，而非当局自己进行现场检查，当然当局也可以主动对这些金融机构的资本运行状况进行检查。在德国汉堡自由贸易港内，金融监管一般由这些金融监管当局的分支机构进行，再加上本地的行业自律组织，同时向联邦监管局及中央银行负责，区内外共同组成严密的金融监管网络，以防范和化解金融风险。

第二节　不同自贸区金融监管的比较与借鉴

对于世界各国以及各地区自由贸易区的发展，金融创新与金融自由化都发挥了重要作用，有效的金融监管是自由贸易区良性发展的重要保障。天津自贸试验区的发展，同样离不开金融创新与有效的金融监管。

一、成立独立的金融监管机构，实行统一的金融监管

阿联酋、新加坡等地在自由贸易区设立独立的金融监管机构，承担自贸区内的金融监管职能。迪拜的金融服务局负责对金融服务活动进行持续性监管，其监管范围涵盖了资产管理、银行和信贷服务、证券基金、期货交易等多个领域，并具备政策和法律制定、授权、识别、监管、执行以及国际合作等多种职能。新加坡金融管理局具有中央银行金融调控与金融混业监管两大职能，负责对新加坡各类金融机构实行统一的监督管理，同时负责本国的货币政策、金融业的发展规划等任务，承担着维护经济持续发展和促进金融业健康运营的职责。德国联邦金融监管局总体负责对银行、保险公司、证券市

场以及政府资产的监管，在行政和监管裁决上享有极大的自主权。在自由贸易区内成立具有独立性的金融监管局，赋予该机构区域性立法的权限，并对自由贸易区内的相关机构准入及运营实行统一的监管，有效降低自贸区内企业的监管负担（陈胜，2013），保障宏观调控和金融监管的权威性。

二、金融监管理念由规则性监管向原则性监管与风险监管转变

目前国际上，对于金融领域的监管理念存在三种主要模式，即风险性监管、原则性监管与规则性监管。我国一直以来主要采取的是规则性监管模式，即通过较为体系化的法律法规去规制相关市场中的金融活动，这种方式虽然能较为有效地控制市场风险，但是由于规则的滞后性，一方面限制了市场自由度，很难及时有效地处理和规制金融创新，另一方面也产生了不少监管套利行为。而原则性监管则能一定程度上解决这一问题，英国的金融服务管理局为这种监管理念的主要代表，这种模式意味着更多地依赖于原则并以结果为导向，以高位阶的规则用于实现监管者所要达到的监管目标，并较少地依赖于具体的规则。因此，可在自贸区内探索金融监管理念的变革，从规则性监管模式向原则性监管模式与风险监管模式倾斜，更加注重风险预警与事前防范，构建以风险监管为基础的审慎规则（孙充正，2014）。

三、建立严格的金融监管制度，降低金融系统风险

新加坡实行严格的市场准入与退出机制、谨慎的风险管理原则，提升金融管理局的监管力度。货币可兑换后，大量的合规性监管交由金融机构直接处理，金融机构成为实施有效监管的“中介机构”。通过建立严格的金融监管制度推动完善风险管理体系，形成了相互制衡的人事制度和有效的公司治理机构，以法律保障金融监管的有效性，从而降低金融体系的系统性风险。

四、建立有效风险管理系统，提升金融监管效力

国外对监管机构组织结构设置合理、责任分明。德国联邦金融监管局与德国中央银行明确划分了对银行业监管的职责范围，减少监管真空和重复监管的发生，避免各监管部门之间权利的争夺和相互摩擦，从而降低执法成本以及各监管部门之间的协调成本，有效的监管体系也可以同时提高被监管部门的经营效益（张留禄等，2008）。新加坡金融监管局健全金融部门的内控制度，建立完善信息处理系统与共享机制，并针对本地银行和外资银行分别建立 CAMELS 评级系统，形成较为完善的风险管理系统，对金融进行预警、识别与研判。新加坡金融管理局为防止新加坡元受到冲击，设置了四道防线：一是颁发不同许可证限制外资银行经营新元业务；二是使所有金融机构的新元账户与非新元账户完全分离；三是利用电子支付系统等现代化科技手段实时监测所有经营新元银行的新元账户，实时监测新元流向；四是必要时入场干预。

五、建立监管信息处理系统，提高金融监管效率

借鉴新加坡经验，建立充分的信息披露制度，使监管部门充分了解金融机构的运行状态。采取全方位搜集信息、全面风险评级、全程跟踪完成非现场监管工作，通过建立较为完善的监管信息处理系统实现“非现场监管——现场检查——风险评级——非现场跟踪监管”的良性循环。同时，建立完善风险分析系统，通过对金融机构运行情况的监测，进行分析预警，形成反馈。建立并完善非现场监管人员与金融机构高管之间的沟通机制，获取真实信息，实现监管信息资源共享和风险评估，提高监管效率。

六、完善的法律法规体系，保障金融环境的稳定

借鉴迪拜在法律法规体系建设方面的经验做法，通过立法授予监管主体合理的监管权限，授予迪拜金融服务局制定法规、发展政策以及相应的在其管理下落实有关立法的权力。新加坡金融法律体系由银行法、保险法、证券法、期货交易法、基金管理法、外汇交易法等组成，通过法律将监管权力和监管标准固定下来，保障监管工作的严肃性和规范性。德国制定一套严格而缜密的金融法律制度体系，把全部金融活动都纳入法律范畴。德国金融监管系统是一个法律法规相当完备，自我监管、社会监管和政府监管相结合，法律裁决作为终审判决的有机整体（刘绮涛，2009）。

第六章　自由贸易区金融分层监管的依据与职能

第一节　自贸区金融分层监管的必要性

一、经济增长与金融监管

改革开放以来，区域经济取得突破性增长的关键原因在于中央政府通过与地方政府的分权，在某种意义上推动地方政府成为经济增长的获利者，用地方政府在推动特殊区域发展的积极性和创造性保持区域经济的活力。这种分权客观上促成了地方政府在金融发展中资本出资人和金融需求者的双重身份。从出资人的角度看，地方政府为了保持对地区经济的控制力，通过财政注资、土地入股、资产抵押、购买不良资产、直接或间接融资等方式补充地方性金融机构的资本规模，许多地方政府财政局或者政府投资平台控制着上市公司的股份，如东北证券约 15%的流通股被吉林省信托投资公司拥有，宁波银行约 10%的流通股被宁波开发投资集团控制，兰州银行约 14%的股权属于兰州市财政局，杭州银行约27%的股权属于杭州市地方政府，长沙银行约18.5%的股权归属长沙市财政局。这种政府对金融证券等机构的直接或间接投资，必然包含着地方政府对自身资产保值增值的期望，利益关系决定了地方政府对这些金融机构的规模扩张、高层人员构成、业务运营方向等问题要给予干预，因此，特殊区域金融的监管不可避免地牵涉到地方政府行为以及地方政府在金融监管中的角色与地位。

二、金融深化与金融监管

（一）市场经济体制的深层变化

中国以中国人民银行附加保监会、银监会和证监会的监管体制已经存续20余年，这种以行业管理和垂直管理为特征的金融监管体制，是配合20世纪90年代开展的金融改革而设置的。经过20多年的发展，分业垂直管理体制逐渐无法覆盖到金融活动的全过程，金融领域的过程监督、交叉监管的创新业务越来越多。2017年召开的第五次全国金融工作会议确立了监管体制的方向：加强监管协调和监管责任，消除机构间“交叉区域”“真空区域”的套利机会；强化金融监管的专业性、统一性、穿透性，做好对“交叉地带”潜在风险的化解；强化人民银行宏观审慎管理和系统性风险防范职责，构建货币政策与宏观审慎政策“双支柱”的金融调控框架。2018年，为适应市场发展需要，我国政府对金融监管格局进行了调整，改革后我国金融管理部门由国务院金融稳定发展委员会、中国人民银行、中国银行保险监督管理委员会、中国证券监督管理委员会、国家外汇管理局及其相关派出机构，以及各地方政府金融办（局）组成。这一改革强化了专业监管、责任监管，同时注重全面监管和功能监管，也赋予了地方金融办（局）监管职能,[①] 为地方政府在金融监管的职能定位提供了政策依据。

（二）金融抑制及隐性化发展

爱德华·肖和罗纳德·麦金农等经济学家的研究一致认为，金融抑制会导致金融隐性化发展，是发展中国家迈向跨越发展的重大障碍。我国的金融发展实际验证了金融抑制所导致的隐性化发展结果。当前大量存在的股权投资基金、投资公司，其经营的实质上就是金融业务，而且日趋杠杆化，金融管理体制外的融资规模在一些区域的量非常大。如此众多的市场主体、如此大的社会融资规模，已经超出了现有监管部门的掌控能力，风险防范难度很大。这种隐性化发展的结果给金融监管带来诸多障碍，面对市场的强大创新功能，唯有充分发挥地方政府的信息优势，赋予其一定的金融管理和创新职能，才能使金融发展与风险防范二者兼得。

（三）金融深化及监管适应

我国金融体制改革的一个根本目标是实现金融的充分发展，变过去的“抑制型金融”为“发展型金融”，更好地推动金融促进经济社会发展。因担忧金融风险而抑制金融发展的必然后果就是隐性金融四处开花结果。为适应当前深化金融改革的需求，金融监管领域也应作出重要调整：一是当前各地不断出现的股权投资基金、金融信托投资公司、资产投资公司等本职上都是金融活动，都应纳入金融监管体系之中；二是过去金融压抑所导致的金融配置不均衡如金融发展集中于个别城市与区域等需要从构建地方金融监管责权利体系入手解决，给予各地区对于地方金融机构审批和监管的“国民待遇”；三是针对金融业务创新引发的混业经营和实业、科技与金融融合现

① https：//www. weiyangx. com/324301. html.

象，需要创新金融监管思路与方法，充分利用地方政府的信息平台和回路机制。因此，将地方政府纳入金融监管体系当中，有利于提升金融监管的效率和效果。

（四）金融监管信息与技术要求

信息技术的发展推动了金融监管手段和技术的极大变化，跨业经营的广泛推行，进一步加强了金融监管的技术难度，在基层跨业监管协调难度加大的情况下，依靠高度垂直化管理的现行体制，很难对金融业务的监管实现全程覆盖。"一行两会"的分支机构在各自的职权范围内行使监督职能，很容易形成闭合的信息管理系统，导致缺乏有效的信息共享和联合监控，加大了监管协调难度。在信息不对称和监管"条条化"的状态下，监管缺乏效率。随着金融创新和混业经营不断发展，金融机构之间的相互渗透以及金融业务的相互交叉成为常态，现有的以中央政府为主的监管模式难以适应现代金融发展趋势，有必要考虑构建以地方政府为辅的地方金融监管体系作为中央监管体系的补充和完善。一旦地方政府享有一定金融管理职能和权限，监管部门则可以通过地方政府搭建的信息交流平台，建立信息回路机制，改善现有的监管效率。

三、金融特殊性与金融监管

自贸区在推进金融领域的开放创新中，以服务实体经济发展为目标，强化金融服务功能，在人民币跨境使用、利率市场化、投融资汇率的便利化、外资金融机构设立等方面大胆创新，探索金融服务实体经济新模式，千方百计进行探索，努力为经济发展增添新的活力。特殊区域进行金融创新与探索的过程中，对金融监管提出新的要求。

（一）金融创新需求多样性要求金融监管模式转变

实体经济对金融的需求具有异质性。比如天津自贸区在发展过程中，要依托实体经济发展的优良基础，满足以金融为主体的服务贸易需求。开展跨境服务贸易，带动自贸区内的金融服务集聚，同时为企业提供跨境融资渠道，能够实现金融资源的全球配置，降低企业融资成本。由于不同类型的实体经济所具有的竞争优势不同，其在发展中面临的现实约束不同，导致对金融资本的需求存在系统性差异。这就对金融产品与业务创新提出新的要求，需要开发出多样性的金融创新产品来满足实体经济发展的需求（郭丽虹，2014）。自贸区内金融创新需求的多样性与金融产品的复杂性，对传统分业监管模式提出挑战，推动金融监管模式由分业监管向功能监管的转变。

（二）金融自由化发展要求金融监管体制进行转变

推进金融自由化发展，为自贸区企业营造便利的经营环境，逐步放松汇率和利率管制是我国自由贸易园区发展的必然趋势。自贸区建设为投资、贸易提供便利的同时，由于部分激励措施削弱了对金融和贸易的管控及执法，为洗钱和恐怖分子融资提供了机会，严重危及国家金融安全，这是世界上所有自贸区建设的软肋，也是所有自贸区建设必然面临的调整。资本项目的逐步开放将导致国际市场的资金出于逐利的目的大量跨境双向流动，因资本跨境双向流动所造成的风险就难以控制，最终有可能演变成金融危机。因此，推动人民币在资本项目下可兑换对自贸区的综合条件要求很高，随着离岸市场与境外市场的全面互通，高度市场化和混业经营格局使目前多头监管体制遇到极大挑战。

（三）金融改革深化要求金融监管领域进行调整

金融体制改革的一个根本目标是实现金融的充分发展，变过去的“抑制型金融”为“发展型金融”，更好地推动金融促进经济社会发展。为适应当前深化金融改革的需求，金融监管领域需要做出重要调整：一是股权投资基金、金融信托投资公司、资产投资公司等本质上都是金融活动，都应纳入金融监管体系之中；二是针对金融业务创新引发的混业经营和实业、科技与金融融合现象，需要创新金融监管思路与方法，充分利用地方政府的信息平台和回路机制；三是金融业务创新的复杂性，要求金融监管向前端延伸，更加注重事前监管、事中监管，亟待形成涵盖事前、事中、事后各个环节的全过程监管体系。

（四）金融开放创新要求金融监管能力进行提升

金融领域的开放创新是自贸试验区的重要内容。自贸区建设的特殊性增加了金融安全风险。一方面，由于我国金融业开放程度有限，金融体系仍处于不断完善的过程中；另一方面，自贸区内的改革是一种制度创新，从而导致了中国金融体系的不完善和脆弱性，更容易受到违法分子非法行为的攻击。国家金融安全问题无疑将成为自贸区建设不可回避的挑战。由于金融监管部门的监管能力和水平有限，从国家金融安全角度出发，监管部门不会支持太多的金融开放，提高金融监管部门的监管能力、改变它们的监管意识和方式，形成协同监管机制，是一项艰巨的任务。

第二节　自贸区金融监管的依据

一、国际金融监管的趋势变化

（一）国际金融监管的新趋势

经济全球化和金融的一体化发展给金融监管领域带来了一系列新的变化

和发展趋势。一是金融监管模式由分业监管向综合监管的变化。金融一体化发展和信息技术变革推动着传统金融监管模式的重大调整。多数发达国家都在随着金融创新和金融自由化水平的提高变金融分业监管为金融综合监管。在目前西方实施金融监管体制的国家中，有超过一半的国家实行的是综合监管模式。二是金融监管方式从注重事后补偿和处罚逐步改变为事前的监督与防范。风险预测和防范成为当今金融监管的重点内容，取代了长期以来的风险管理方式，由此带来监管体系、法律法规和政府行为的系列变化。风险性监管的兴起，对传统金融监管的方方面面都带来影响。尤其是在监管主体、监管方法等领域，又跟传统方式产生很大不同。三是金融监管的目标由降低金融风险向着安全与效率并重转变。随着全球性金融危机的周期性爆发，金融风险防范已经成为政府当局持续关注的重点。但危机过后全球竞争的加剧，又推动不同国家和地区在金融创新和金融效率方面大做文章。尤其在2008年美国次贷危机和欧洲债务危机逐步走出阴影之际，为争夺国家和区域竞争力优势，探索金融创新与金融安全的平衡，追求金融深化的协调稳定与提高金融效率等，一直是各国追求的目标。四是金融监管的范围和介入程度不断扩大。金融市场的快速发展和创新工具的大量使用，带来了投行、基金、证券、保理、租赁等多种业务以及新的金融机构和产品的发展，在经历了金融监管不力的惨痛教训后，扩大监管范围，实现全面监管的改革方案不断出台，例如巴塞尔协议Ⅲ通过引入杠杆率监管指标将银行表外业务包括在风险资产的范围内；美国、英国和欧盟等都把对冲基金等影子银行列入监管范围内；英国提出新的产品监管方法，以加强对金融衍生品的监管（齐兰等，2011）。

（二）适应国际趋势的地方金融监管

上述国际金融监管的新趋势和新变化，对我国新时期地方政府的金融监管提供了基本坐标。目前，我国的金融发展正处在从金融抑制走向金融深化的关键时期，为推动经济持续稳定较快发展，地方政府具有发展地方金融的冲动，也充满提防地方金融风险的忧虑。地方政府金融监管需要以国际为参照系，严格依据金融发展规律、趋势和特点构建适合国情的地方政府监控体系。

（1）需要考虑在监管组织架构上，解决从金融自由化浪潮中不断走向金融业混业经营的监管体系构建问题，完善监管主体制度，依照功能性监管的原则明确各监管机构的职责范围并向功能性监管转变。目前很多金融业务出现了监管交叉和监管真空的现象，这是因为随着金融业的快速发展，各个金融领域的边界变得越来越模糊从而很难做到泾渭分明。因此，引入地方政府的积极性，发挥地方政府信息全、反应快、效率高的优势，在部分金融领域授予监管职能和权限。与此同时，针对地方政府扩张性冲动强、地方保护主义和地区分割泛滥的缺陷，设计降低地方金融监管风险的保障机制，控制地方金融风险，有利于实现金融监管安全性和效率性的统一。

（2）需要在政策和法律法规上，适应国际上规章体系不断健全和完善的基本趋势，在地方政府金融监管的诸多环节上，构筑法制保障和防火墙。一是在金融监管的职能定位上，合理界定地方政府与“一行两会”的关系，明确责任主体和管辖范围；二是在监管内容上，明确地方监管的行业、内容和管理标准；三是统一风险预防和风险化解的标准体系、工作流程和基本方案；四是统一考核标准和技术标准，有利于加强中央政府和部门的宏观调控与监管，防止地方行为的任意性。

（3）需要推动地方政府完善全程监管的体制机制。国际金融产品创新的实践表明，传统的金融监管体系改革相对滞后，新金融产品和机构长期游离于监管体系之外，建立事前预防、事中控制和事后处置一整套系统风险监管机制是解决新金融发展难题的保证。事前防范是指对金融系统风险的防范，可以通过控制金融机构规模来实现。监管机构必须保持“超前”监管的理念，着手研究对冲基金等复杂金融衍生品的监管手段。事中控制是指监控系统风险，防止风险扩散，可利用的监控方法有资本流动性、杠杆率和系统风险评级机制等。事后处置主要是解决金融机构由于对政府救助的预期而产生的道德风险，可以通过明确金融机构的破产程序和退出机制来实现。地方政府全程监管体制的构建，需要中央政府和行业主管部门的指导和支持，更需要地方政府以严谨、务实和创新的思维来实现。

二、自贸区金融监管的理论依据

（一）中央和地方权力结构

地方政府金融监管内在地受制于中央和地方的权力结构。监管权力的运行有集权和分权两种模式。在中央计划经济高度盛行的时代，多数监管是由中央政府直接执行，地方在监管体系中处于从属地位。这种中央政府主导的模式具有行政效率高、命令传达快、执行力强的特性，但随着而来的弊端就是由于信息不对称，带来监管的缺位和市场效率的低下。我国的中央政府与地方政府的关系是一种特殊的关系，既不同于过去高度集中的计划经济体制，又不同于完全自由竞争的市场经济体制，这种权力结构的形成是由于生产资料的社会主义公有制和社会主义市场经济体系决定的。传统的中央一刀切的权力运转和监管已经被实践证明具有诸多弊病，解放和发展生产力，需要在坚持国家宏观调控的原则下，引入市场机制，释放生产要素的活力，解放生产力中最活跃的因素。这种权力下放，刺激地方和微观主体活力的改革为中国经济社会发展注入了强大动力，尤其是 20 世纪 90 年代以来的以刺激地方积极性和创造性，赋予地方经济发展活力的改革，带动了包括深圳、温州、浦东等许多地区的经济社会超常规发展。从理论上看，我国中央与地方的关系，已经从纯粹的单一行政体制中解脱出来，成为政治上保持高度集中，而经济上保持高度竞争的二元体制。单纯从经济意义上说，地方政府之间已经成为具有各自利益诉求的经济体。中央政府通过控制政治权力，而将经济管理权限不断下沉，利用分税制明确双方经济利益关系，打造了一个有中国特色的涵盖集中与分权、市场与计划的特殊体系。[①] 由于经济权力的下沉以及地方主体利益的确立，在地方政府之间就形成了千帆齐发、百舸争流的竞争性局面，在政府层面形成了与微观企业层面相类似的经济竞争和利益竞争，这种竞争打破了地方政府沉寂多年的死水，为区域经济增长增添了长久的活力，推动了中国地区经济多年来的高速增长。然而，竞争需规范，增长有限度。当地方利益超越全局利益，少数利益凌驾多数利益之上，为了经济利益，割裂社会发展、区域协调和生态环境保护，那就需要对地方的经济行为给予监管和规范。因此，竞争与分权是决定我国政府金融监管需要地方政府参与的深层因素。

（二）要素从威权分配到市场化配置

经济要素的市场化配置，导致中央与地方关系逐步由过去的威权纽带转换为利益纽带。计划经济体制下，中央政府可以通过行政命令的方式干预地方经济运行的一切要素，这种体制下相伴随的必然是中央一元监管体制，政出一门，令行禁止。但市场经济条件下，经济要素几乎全部需要通过市场体制配置来实现流转，决定要素流动的是经济利润而不是政府指令。这种政治的高度集中体制与经济运行的广泛体制之间必然会不断发生冲突和调整，解决这个矛盾的必然结果就是构造一个多元的监管体制，既保证中央权威性和监管的有效性，又要保证市场要素的流动得到充分保障，避免行政过多的干预。因此，在监管体系中纳入地方政府环节，可以很好地解决两种体制冲撞的矛盾。

---

① 国内诸多学者如张军、钱颖一等都对中国这种特殊的分权体制进行了分析，指出将中国的地方政府打造成具有市场竞争力的类经济体，对推动中国区域经济高速增长具有重要作用。

（三）治理的法制化

中央与地方关系的处理由过去的行政威权逐步过渡到法制化体系。法治框架下的政府监管替代行政管理成为国家进步和发展的重要特征。金融监管更是一项业务性强、牵涉范围广、利益关系复杂的管理，实践已经证明，单纯依赖行政命令和单一依靠中央政府力量不可能实现对金融的全方位监管。尤其是地方金融是地区经济的重要内容，是地方政府发挥能动性和首创性的重要领域，这些金融机构与地方政府之间有千丝万缕的联系，依靠行政干预，充其量只能是短期的应急之举，而从长远来看必须构建金融监管体制，将监管纳入法制化、规范化的发展轨道。实现法制化管理，尤其是中央与地方关系法制化，决定了地方金融监管体制也要将地方政府纳入法制管理的主体因素之中，这是我国地方政府参与金融监管的制度因素。通过法制化，将中央和地方监管的权利与义务限定在一个法定范围和制度框架内，确保各监管主体不越位不缺位。在法制化框架下，地方政府可以清楚自己在金融监管体系中的职能与作用，如何处理中央与地方关系，通过市场、法律、行政等多种手段的综合运用，加强对地方金融机构监管，提升地方金融监管的科学合理性（薛永刚，2012），推动地方金融更好地服务于辖区经济社会发展。

（四）金融体制和监管体制变迁

我国现有的金融管理体制，在一定程度上是工业化的产物。从农业国到工业国的变化，是发展中国家实现历史跳跃的必经途径，现代化发展必然与工业化紧密联系在一起。从新中国成立初期的“一五”计划开始，工业化就逐步成为主导经济发展的核心思想，并不断衍生出无工不富、产业兴国的政策思维。而金融体制的构建也是与工业化思维密不可分，并逐渐成为“工业化金融体制”，为服务加工制造业发展、推动出口创汇做出重要贡献。然而，工业化发展到一定阶段后，第三产业的兴起以及对新型农业发展的需求逐渐增多，生产性服务业、都市观光农业、居民消费等都需要新的金融业态扶持，需要质押抵押、消费信贷、融资租赁等新的金融形式。随后，城市化的兴起又推动城市要素成为金融体系的核心内容，城市商业银行的成立、证券投资、股权产权交易等又对金融体系提出新的要求。与金融体系变迁相适应的是监管体系的变化，从对企业信贷管理到居民信贷管理，从对新型金融机构和业务监管到对地方投融资体制监管，这种监管的基本规律就是从行业管理走向行业与混业综合管理，从企业管理走向涵盖企业与地方政府的多对象管理，从体制内管理到体制外管理，从自上而下的顶层管理到上下双向监控的多维管理。

三、自贸区金融监管的政策依据

（一）国家法规和政策依据

从目前情况看，关于地方政府的金融监管的职能、角色与定位等尚无直接全面的制度和规章，但在分行业的文件、规划以及地方的法规中，仍然出台了许多对地方金融监管机构和职能的要求。

1996 年，为推动证券期货市场良性发展，中国证监会授权北京市等二十四家地方监管部门行使监管职责。在授权通知中，比较系统地规定了地方监管单位行使职责的主要内容：一是建立健全地方监管的相关制度，完善相关组织机构；二是依照国家关于证券、期货市场的法律、法规，查处证券、期货交易中的违法违规行为；三是推动地方监管人员思想道德与业务水平的提高；等等。这是从行业监管角度比较系统地提出地方监管的文件，对规范各地证券期货交易行为起到很好作用。

2008 年，中国人民银行与银监会发布《关于小额贷款公司试点的指导意见》，这个意见要求只能在省（区、市）的县域范围内开展组建小额贷款公司试点。门槛为：第一，省级政府需要明确小额贷款公司的监管主体；第二，能够承担风险处置责任。这是中央金融监管部门向地方金融监管部门发出多元监管的信号，它表明，中央金融监管部门并非不愿授权地方，而是需要地方在风险控制的主体机构和管理体制上不断完善。该意见还进一步明确了地方金融监管主体可以是金融办或相关机构。

2010年，中国银监会等七部门联合发布《融资性担保公司管理暂行办法》，办法指出，对融资性担保公司的监管主体是省级政府确定的监管部门。这是继小额贷款公司的成立需要省级政府确定的主管部门批准外，又一个授权省级人民政府相关机构管理地方金融的文件，这个文件和小额贷款指导意见以及相关金融管理文件共同致力于将地方金融的监管权限授权给省、自治区、直辖市级人民政府，并且都对监管主体的到位提出要求。

2011年3月，“十二五”规划纲要提出：“完善地方政府金融管理体制，强化地方政府对地方中小金融机构的风险处置责任”。这条规划的提出对地方政府金融监管具有重大意义，体现在：第一，这是国家首次在中长期规划中对地方政府的金融监管作纲要性提示，表明国家长期以来对地方金融监管的禁令已经破冰，地方政府金融监管问题已经上升到国家战略层面，成为国家中长期发展需要致力解决的问题。第二，纲要对地方政府行使金融监管的途径和内容作了明确提示，指出地方政府主要监管对象是地方中小金融机构，主要目的是风险处置，主要途径是完善地方的管理体制。

2012年1月6日，第四次全国金融工作会议提出，“建立起地方性的金融监管机构，对区域性小型金融机构监管的责任交给地方政府”。会议提出的八项改革措施中，有两项内容都与地方金融监管相关：一是“加强和改进金融监管，切实防范系统性金融风险”，指出银行业要建立全面审慎的风险监管体系，证券业要强化行为监管，保险业要完善分类监管制度。二是“防范化解地方政府性债务风险”，指出规范地方政府举债融资机制，将地方政府债务收支分类纳入预算管理，构建地方政府债务规模控制和风险预警机制。这次会议涉及诸多关于地方金融监管的议题，基本政策取向也是强调完善监管体系和推行分类监管。[①] 这表明，地方政府金融监管已经由规划构想迈入到实质性操作阶段。

2013年11月1日，地方政府职能转变和机构改革工作电视电话会议在北京召开。会议指出，地方政府职能转变和机构改革是行政体制改革的重要组成部分，通过地方政府的相关改革进一步理顺政府与市场、政府与社会、中央与地方的关系，发挥好中央和地方两个积极性，促进政府高效协调运转。具体来说，要求地方政府职能转变要重点抓好“接、放、管”。其中的“接”，就是接好中央下放的审批事项。中央明令取消的一律不折不扣地放给市场、社会。“放”，就是地方政府把自身该放的权力切实放下去、放到位。“管”，就是把该地方监管的管起来、管到位。在减少事前审批的同时，加强事中事后监管。这显示了新一届政府领导以行政体制改革为抓手，促进激活微观市场主体的决心。[②]

2014年8月，《国务院关于界定中央和地方金融监管职责和风险处置责任的意见》进一步确立中央和地方分级监管，提出完善中央和地方金融监管工作协调机制的要求，明晰地方政府要承担对部分金融活动的监管职责，包括引导和规范民间借贷、新型农村合作金融组织的行为，防范和打击金融欺诈、非法集资等行为。为明确地方金融监管权限，2013年以来多个省市先后出台有关建立健全地方金融监管体系的规范性文件。山东省于2016年颁布全国首部关于地方金融监管的地方性法规——《山东省地方金融条例》，明确划分了地方金融监管的范畴，并授权县级以上人民政府依照属地原则，对地方金融组织及相关活动进行监督管理。整体来看，我国地方政府

① 在这次会议上，温家宝总理就金融改革发展作出八方面部署，具体内容见2012年1月8日的媒体报道。

② 这是李克强就任总理后，首次就地方政府职能转变和机构改革进行全面部署，具体内容见2013年11月1日中国政府网。

对地方金融监管进行了初步的立法探索，但金融监管规范性文件通常以政府规章的形式颁布，其中规定的监管内容较为宽泛且模糊，缺乏具体的操作细则。

近年来，地方金融风险事件频频发生，对我国金融稳定构成较大威胁。地方政府如何发挥金融监管职能、防范金融风险的发生变得至关重要。2017年第五次全国金融工作会议召开，会议对如何全面推进地方金融监管体制改革指明了方向，提出中央金融管理部门制定统一的监管规则并指导实施，地方在监管职责范围内制定具体实施细则和操作办法。根据会议精神，国务院成立金融稳定发展委员会（以下简称“金稳会”），由其负责指导地方金融改革发展与监管，对金融管理部门和地方政府进行业务监督和履职问责等；明确地方政府监管的对象包括“7+4”的类金融机构，7类机构指小额贷款公司、融资担保公司、区域性股权市场、典当行、融资租赁公司、商业保理公司、地方资产管理公司，4类机构指辖区内投资公司、农民专业合作社、社会众筹机构、地方各类交易所。为落实全国金融工作会议要求，地方金融办纷纷升级为金融监管局，并将综合职能向监督管理和风险处置职能转变。同时，设立地方议事协调机构，强化中央与地方的监管协调。部分地区的地方性金融监管法规和条例也加速出台，如河北省在2017年底出台了《河北省地方金融监督管理条例》。

随着一系列措施相继实施，从组织上强化了监管职能，立足新格局，坚持问题导向，更加注重统一规划、监管协调、监管覆盖、风险处置，这是我国监管体制的深刻变革，必将为经济高质量发展创造更好的金融环境。

（二）地方法规和政策依据

从地方政策看，地方政府对金融监管的实践从金融活动的开展以来就没有间断过，这些地区的实践与探索为积累地方监管的经验提供了宝贵的尝试。

2009 年 8 月，上海市为推动国际金融中心建设出台了《上海市促进国际金融中心建设条例》，条例第七章对金融风险防范和法制环境建设做了规定，其中第三十一条指出：“市人民政府应当加强与国家金融管理部门的协调，配合国家金融管理部门在本市建立健全金融监管协调机制，依法履行监管职能，完善监管体系，改进监管方式，加强跨行业、跨市场监管协作。”这是地方政府优化金融监管环境的第一个地方性法规，是地方政府推动监管体系完善的生动实践。

在《浙江省温州市金融综合改革试验区总体方案》中，对地方金融监管的职能边界作出了更加明确的要求。其中关于监管体制方面规定：“完善地方金融管理体制，防止出现监管真空，防范系统性风险和区域性风险。”在责任划分上：“建立金融综合改革风险防范机制。清晰界定地方金融管理的职责边界，强化和落实地方政府处置金融风险和维护地方金融稳定的责任。”这些内容已经深入到地方金融监管的实际，进入到制定出台地方金融监管工作实施意见的操作性阶段，是地方政府参与金融监管的重要突破。

2013 年 8 月，天津市人民政府办公厅转发了市金融办《关于建立健全地方金融监管体系的意见》，解决地方金融监管主体分工和责任落实等问题。这份文件的创新性在于，首先，对地方金融监管的目标对象做了清晰的归纳，指出股权投资基金、融资租赁、商业保理、典当行、小额贷款公司、融资性担保机构、交易场所等都是地方金融监管的重点；其次，对监管的主体进行了分工，如市商务委负责融资租赁和典当行业，市发改委负责股权投资、投资咨询类行业，金融办负责小额贷款、融资担保、金融交易、商业保理等。这是对我国以国家监管为主的金融体系的重大补充，也为其他地方政府参与金融监管提供了实践依据。

第三节　自贸区金融分层监管的目标与行动准则

一、自贸区金融监管的目标

（一）金融监管的一般目标

从国际范围看，金融监管的目标一般包括三个方面：一是推动本国构建安全稳定、高效便捷的金融体系；二是推动本国发育和完善金融市场与金融活动主体（金融机构与金融企业），保证金融活动的有序进行；三是保证金融市场各主体的合法利益，尤其是中小投资人和存款人的合法权益，推动经济繁荣和金融发展。各国监管体制无论是单一体制还是复合体制，行业体制还是混业体制，都将上述三大目标体系作为金融监管机构的核心任务。

（二）我国自贸区金融监管目标的确立

我国金融监管的目标与其他国家金融监管的目标本质上并无太大差别，但是，作为市场经济实践历史不长的国家，金融发展的程度不高，金融体系的架构并不完善，因而，在金融监管的核心目标中，完善市场体系建设和防范化解金融风险占有重要地位。地方政府金融监管的目标是在国家金融监管目标的基础上，围绕地方金融发展的实际情况，增加了地方政府的目的性。现阶段，我国地方政府金融监管的目标可以概括为：

（1）推动地方金融市场的有效性。确保市场主体的公平竞争与平等权利，提高金融行业效率，鼓励地方经济增长要素充分参与金融市场建设，享受金融市场改革红利。

（2）推动地方金融市场的稳定性。通过不断完善市场体制机制建设，保证金融业稳健有序运行，保证国家宏观调控政策的落实。

（3）推动地方金融市场的安全性。针对地方金融创新过程中良莠不齐、鱼龙混杂的现状，严格金融监管措施，防范和化解地方金融风险，确保市场体系的安全运行。

围绕上述目标，地方政府需要在具体的监控内容和指标体系上进行整体规划和考虑，从地方服从中央、局部服从全局、个体服从整体的角度，畅通国家金融监管体系，自觉将地方监管体系纳入国家监管体系的全局，推动金融监管的整体性和一致性；从创造平等参与、有序竞争、协调合作的角度推动地方金融市场的发育，鼓励和支持地方金融机构依法依规创新金融业务，提高金融水平；从保护投资人和债权人合法权益的角度，严厉打击各种非法集资和非法金融活动乱象，健全地方金融监管制度建设，重视事前预防、事中监管、事后救助，推动地方性金融风险的化解与防范。

（三）我国自贸区金融监管目标的校验

金融监管目标的校验，需要从地方金融发展的实践进程来综合考量。无论如何，对照金融监管的三大目标体系以及地方金融监管的有效性、稳定性和安全性要求，都应以是否公正高效地发展地方金融市场，是否将地方金融发展与地区经济社会发展实践相结合，是否激发地方金融主体的创新性与发展活力，是否确保众多微观主体和广大居民的权益不受损，是否保证国家宏观政策和金融监管政策的政令畅通等作为衡量地方金融监管目标合理与否的检验标准。①

① 和倾向于金融市场效率不同，笔者将效率、安全和公平统筹起来考虑，认为综合校验更合适。

二、自贸区金融监管的行动准则

在地方政府金融监管的一般原则下，我国基于自己国情考虑，应具有区别于一般原则的考量。

（一）主体地位的法律保障与公平性保障

首先，地方政府的金融监管必须依据国家和地方的法律规章进行，地方监管主体地位的确定和监管权力的获取都需要法律保障，确保地方政府参与金融监管的正当性和合理性。地方监管的机构、监管对象、监管权限、监管内容和监管措施等都要有具体的法律规章给予明确，坚持依法监管。监管主体应依法行使监管职权，在法律授权的范围内开展活动。

其次，需要秉持内外一致、公私一致、大小一致等基本原则，确保所有的市场主体享受国民待遇。政府应将监管的内容、鼓励和禁止的方向、救助与惩罚措施等及时公开，最大限度地提高市场监管的透明度。监管过程要符合相关程序，不能为政府和个别机构的利益而损害社会和行业利益，坚决遏制监管权力寻租，平等对待一切金融市场主体，力争司法公正、程序公正、执法公正和效果公正。

（二）基于金融体系效率的便捷性与权责对称性

金融监管的难点在于行动便捷，对金融活动要求快速的反馈系统和预警体系，机构的设置也要符合这个原则，确保监管部门尽早尽快进入角色之中。监管的目的除了维持正常秩序之外，必然包含提高效益，用较小的监管成本取得较大的社会效益。因此，地方政府参与金融监管需要合理配置，降低监管成本，减少公共开支，降低金融监管的直接和间接成本。需要将监管的经济效益和社会效益结合起来，将防范和化解金融风险与促进区域金融发展与创新结合起来，避免直接参与金融企业的微观管理，把握好监管的力度和节奏，创造良好的创业环境。

在目前既定金融监管框架下，应按照“谁主管、谁审批、谁负责”的原则，充分赋予地方政府监管职能和金融监管的具体职责，使其能管起来。在放权的同时，严格规定地方金融监管的责任与义务，将审批权与管理权的下放与责任追究制结合起来，切实维护地方金融稳定，促进地方经济健康发展。

（三）监管行为的制度化与常态化

地方金融监管的关键在于构建完善的管理体制和长效机制，形成监管内容全面化、监管时间连续化、监管方法系统化、监管形式多样化的格局。在制度化领域需要深入探索适合我国特殊国情的监管架构和监管体系，完善工作机制。为推动常态管理的实现，需要地方监管部门处理好自身所处的监管位置，处理好同“一委一行两会”以及财政、审计等部门的关系。运用现场监管与远程监管结合、全面检查与随机抽查结合、行业监管与重点企业监管结合、奖励与惩戒结合、外部管控与内部自控结合的方法，形成完整、全面、连续的防控体系。

（四）维护金融体系的安全稳健与保护存款人的利益

这是我国地方金融监管部门重要的使命。为确保金融体系安全和存款人权益，地方监管者必须处理好五类关系：

（1）增强金融体系的稳健性和支持实体经济的关系。避免地方金融为了短期效益和恶性竞争而走上盲目扩张之路，推动地方金融的发展走良性发展轨道。

（2）支持金融创新与维护金融安全的关系。在安全和效率之间寻找平衡点，使金融创新能够成为支持实体经济、强化金融服务经济功能的重要支撑，而不是威胁金融体系稳定和安全的因素。

（3）处理好市场化和宏观调控的关系。既要放松金融管制，推动金融创新，发挥市场的决定性作用，又要避免政府职能缺位，放得太多，放得太松，将该管的领域管起来。

（4）处理好行政管理与法治管理的关系。经济管理越来越趋向于依法治理和有章可循，政府应该不断提高治理水平和治理能力，抛弃人治偏好，提高法治水平，通过专业化、规范化的金融监管法律法规，实现监管的有序性。

（5）处理好个体风险与系统风险的关系。现代金融发展不同于传统金融，个体风险如果不注意防范和化解，很有可能发酵和演化为群体风险，继而触发系统性金融风险的产生。应及时妥善处理金融个体风险的发生，及时总结经验和教训，防范系统风险的产生。始终坚守不发生系统性风险和区域性风险的这条底线，不断增强对风险的识别、对风险的预警和对风险的控制能力，做到早发现、早识别、早预警、早隔离、早处置，增强监管的前瞻性（王兆星，2014）。

第七章　自由贸易区金融分层监管模式构建与制度安排

——以天津自由贸易试验区为例

第一节　天津自由贸易试验区金融监管模式

一、天津自由贸易试验区的金融创新

（一）促进本地自贸区和境外进行双向融资

融资渠道实现双向流通充分体现金融国际化、利率市场化的改革理念。一是促进自贸区创新型产业集群核心企业发展，助力供应链中小企业参与直融市场。二是帮助国内企业开辟融资新渠道，促进自贸区企业融资便利化。三是积极为外资金融项目落地开展相关协调服务。四是建立天津自贸区外资金融机构落户服务团队，对外资金融机构落户提供全程服务支持，为外资金融项目办理工商注册和税务登记提供绿色通道。五是建立天津自贸区与金融监管部门的精准招商工作例会制度，为重点外资金融项目落地提供政策咨询

与协调服务。六是协助外资金融机构寻找国内合作伙伴。七是为外资金融机构提供长期政策支持。在金融监管部门的统一部署和支持下，在天津自贸试验区稳步推进资本项目管理的便利化和可兑换，先行先试外汇管理改革，拓展自由贸易账户的投融资功能和适用范围。

（二）探索本外币账户管理体系

一是探索建立与自贸试验区相适应的本外币账户管理体系，促进跨境贸易、投融资便利化，按照“一线便利，二线管理”的原则规范账户收支管理，构建以人民币为本位币、账户规则统一、兼顾本外币风险差别管理的本外币可兑换账户体系，各类市场主体可按规定开展适用于天津自贸区的投融资汇兑及相关业务；二是推动人民币作为自贸试验区与“一带一路”沿线国家跨境贸易和投资计价、结算的主要货币；三是拓展跨境电子商务人民币结算，推行自贸试验区内跨国企业集团跨境双向人民币“资金池”业务；四是支持自贸试验区内符合互认条件的基金产品参与内地与香港基金产品互认；五是自贸试验区内银行可按有关规定发放境外项目人民币贷款。

（三）探索便利跨境人民币结算

进一步扩大人民币跨境使用，扩大跨境人民币结算规模，促进跨境结算便利化，完善跨境投融资服务并健全跨境金融服务体系。鼓励天津市银行外汇业务和跨境人民币业务自律机制建立跨境人民币结算可信客户管理制度，直接为企业办理跨境贸易人民币结算、直接投资项下跨境人民币结算、人民币资本金境内支付结算等业务。允许自贸试验区内银行业金融机构为境外机构办理人民币衍生产品等业务；支持符合条件的地方法人银行开展人民币与外汇衍生产品业务，或申请与具备资格的银行业金融机构合作开展远期结售汇业务等；支持自贸试验区依托适合自身特点的账户体系开展人民币跨境业务；鼓励、支持自贸试验区内银行业金融机构基于真实需求和审慎原则向境外机构和境外项目发放人民币贷款等。在自贸试验区建设中积极扩大金融业对外开放，鼓励自贸试验区先行先试，优先落地各项金融业对外开放的措施。逐步缩短金融领域的负面清单，在涉及金融牌照的全领域放松外资金融机构持股比例限制，大幅度扩大外资金融机构业务范围，用审慎要求替代准入和资质的限制，激发外资金融机构参与我国金融市场的积极性，推动资金更为自由的流动。

（四）构建“本外币、境内外、离在岸”的跨境金融服务体系

促进形成“本外币、境内外、离在岸”三位一体的服务产品体系，并在国际贸易融资、外汇交易、跨境资本运作等领域形成差异化竞争优势。基于自由贸易账户的政策框架，鼓励金融机构积极创新跨境金融服务方案，对接跨国企业经营需求的资金集中管理服务方案。考虑到自由贸易账户（FT账户）可以提供科创企业从创意到成熟期的全程跨境金融服务，为对接“一带一路”建设需求中的跨境金融服务方案，实现在岸金融服务支持境外生产经营活动的目的，推进自由贸易账户体系建设相关工作，依托特殊区域金融政策实现产品创新，让企业享受到利率市场化、金融产品多元化、贸易融资便利化等自贸区政策红利，切实降低境内资金周转成本。依托自由贸易账户推进资本项目可兑换，切实提升实体经济的获得感。

（五）建设物流金融服务平台，打造移动金融平台

物流行业在交易结构中，会有许多环节存在着或多或少的账期，而物流公司每个月所产生的过路费、油费以及员工工资却都是现结，占用资金量巨大，所以对于物流企业尤其是中小微企业来说，物流金融服务的需求非常旺盛。据统计，每年物流贷款融资需求都在 3 万亿元以上，而传统金融机构满足的不足 10%。所以，物流通过运输把整个上下游串联起来，蕴藏着巨大的金融服务机会。自贸试验区需要通过金融科技来赋能物流企业，更好地连

接银行及正规金融机构，使得客户更好地获得金融服务。

（六）探索租赁企业跨境业务发展

一是完善要素市场和平台，依托大数据的建设，完善企业信用及交易信息金融服务平台建设，夯实金融的交易基础，降低金融风险；二是按照自贸区改革的方案，积极推动中国金融租赁登记流转平台、中国天津租赁平台及二手设备交易平台等平台建设，补齐行业交易的服务链条；三是建立起对外投资合作一站式的服务平台，为企业的“走出去”提供离岸金融、法律财税等全流程的服务，打造境外投资大金融的服务体系；四是重点发展跨境融资租赁，创新业务模式，促进融资租赁业的发展；五是创新商业保理的外汇管理制度，切实服务国际贸易发展，滨海新区率先完成了全国第一笔出口商业保理业务，积极探索行之有效的国际商业保理业务的发展模式；六是简化融资租赁公司办理程序；七是推动传统金融业务升级，创新与互联网金融相适应的审批监管方式，在风险可控的前提下，积极发展网络支付、网络征信及股权众筹等业态；八是支持融资租赁企业通过上市、在股权交易中心挂牌融资、发行债券等方式，拓宽直接融资渠道。

国家和天津自贸区在金融制度创新方面出台了一系列政策，具体如表7-1所示。

表 7-1　天津自贸区金融制度创新具体政策

时间	金融制度创新
2014 年 12 月	天津滨海新区东疆保税港区限时办理租赁企业设立登记备案服务试点办法（津政办发〔2014〕99 号）
2014 年 12 月 21 日	国务院关于推广中国（上海）自由贸易试验区可复制改革试点经验的通知（国发〔2014〕65 号）
2015 年 2 月 17 日	中国银监会办公厅关于中国（天津）自由贸易试验区银行业监管有关问题的意见（银监办函〔2015〕6 号）

续表

时间	金融制度创新
2015年3月9日	质检总局关于深化检验检疫监管模式改革支持自贸区发展的意见（国质检通〔2015〕87号）
2015年3月17日	关于做好融资租赁公司和商业保理公司接入人民银行企业征信系统有关工作的通知（津银发〔2015〕94号）
2015年3月19日	国务院办公厅关于创新投资管理方式建立协同监管机制的若干意见（国办发〔2015〕12号）
2015年3月24日	天津市人大常委会关于鼓励促进改革创新的决定
2015年3月30日	国家外汇管理局关于改革外商投资企业外汇资本金结汇管理方式的通知（汇发〔2015〕19号）
2015年3月30日	财政部、税务总局关于个人非货币性资产投资有关个人所得税政策的通知（财税〔2015〕41号）
2015年3月30日	关于进一步推动知识产权金融服务工作的意见（国知发管字〔2015〕21号）
2015年4月3日	中国保监会办公厅关于支持天津自贸试验区建设有关问题意见的复函（保监厅函〔2015〕95号）
2015年4月7日	天津市人民政府关于加强市场主体事中事后监管的意见
2015年4月8日	关于印发中国（天津）自由贸易试验区总体方案的通知（国发〔2015〕19号）
2015年4月15日	市发展改革委关于印发天津市借用中长期国际商业贷款切块管理试点暂行办法的通知（津发改外资〔2015〕294号）
2015年4月17日	天津市人民政府办公厅关于印发中国（天津）自由贸易试验区外商投资和境外投资项目备案管理两个办法的通知（津政办发〔2015〕24号）
2015年4月21日	国家税务总局关于创新自由贸易试验区税收服务措施的通知
2015年4月22日	天津市市场和质量监督管理委员会关于支持中国（天津）自由贸易试验区建设的若干意见（津市场监管研〔2015〕6号）
2015年8月	国家外汇管理局综合司关于在天津东疆保税港区开展经营性租赁业务收取外币租金试点的批复（汇综复〔2015〕12号）
2015年12月	中国人民银行关于金融支持中国（天津）自由贸易试验区建设的指导意见
2015年12月	关于印发《推进中国（天津）自由贸易试验区外汇管理改革试点实施细则》的通知（津汇发〔2015〕162号）
2016年1月	中国人民银行关于扩大全口径跨境融资宏观审慎管理试点的通知
2016年5月13日	天津市人民政府办公厅关于加快落实国家自由贸易区战略的实施意见（津政办发〔2016〕41号）

续表

时间	金融制度创新
2017年8月1日	国家外汇管理局正式批复天津东疆保税港区开展经营性租赁收取外币租金业务
2017年8月24日	商务部　交通运输部　工商总局　质检总局　外汇局关于做好自由贸易试验区第三批改革试点经验复制推广工作的函
2017年9月5日	科技部办公厅　商务部办公厅关于印发《支持自由贸易试验区创新发展若干措施》的通知
2017年10月31日	天津市人民政府办公厅关于印发天津市推进“证照分离”改革试点工作方案的通知
2017年12月9日	商务部关于支持自由贸易试验区进一步创新发展的意见
2018年1月10日	国务院关于在自由贸易试验区暂时调整有关行政法规、国务院文件和经国务院批准的部门规章规定的决定
2018年5月3日	国务院印发《关于做好自由贸易试验区第四批改革试点经验复制推广工作的通知》
2018年5月4日	关于印发进一步深化中国（天津）自由贸易试验区改革开放方案的通知（国发〔2018〕14号）
2018年6月11日	国务院关于同意深化服务贸易创新发展试点的批复
2018年11月7日	国务院关于支持自由贸易试验区深化改革创新若干措施的通知（国发〔2018〕38号）
2019年3月28日	天津市人民政府办公厅关于印发贯彻落实《国务院关于支持自由贸易试验区深化改革创新若干措施的通知》任务分工的通知

资料来源：根据中国（天津）自由贸易试验区官网政策法规整理，http://www.china-tjftz.gov.cn/html/cntjzymyqn/ZCFG24994/List/list_0.htm。

二、天津自由贸易试验区金融监管的五大任务

在金融监管上，天津自贸区形成了以“一委一行两会”及其分支机构为主、天津市地方金融监督管理局与自贸区综合协调局协作的监管格局。其中，天津市地方金融监督管理局是天津市机构改革中组建的政府部门，整合

了原市金融工作局的职责，以及市商务委员会的典当、融资租赁、商业保理公司监督管理职责。天津自贸区内的金融监管也是以“一委一行两会”及其分支机构为主，负责对自贸区内开展的金融创新业务进行备案、审批及监管。地方政府主要负责落实金融管理的体制创新，天津市金融局对融资租赁、商业保理等业务承担监管职能，并协助中央监管部门对地方金融创新与发展进行监管，而天津自贸区综合协调局的主要职能定位是负责组织研究、推动实施、跟踪评估自贸试验区金融改革创新政策措施以及自贸试验区融资租赁制度创新措施，并未体现监管职能。天津自贸区在开展金融创新过程时，需要经过监管部门批准，这在一定程度上阻碍了自贸区金融创新的步伐。2018 年 5 月，国务院《关于印发进一步深化中国（天津）自由贸易试验区改革开放方案的通知》指出，进一步深化金融开放和监管创新，要求健全金融监管体系，守住不发生系统性金融风险的底线。探索在滨海新区中心商务片区开展金融综合监管试点。地方政府要在坚持金融管理主要是中央事权的前提下，按照中央统一规则，强化属地风险处置责任。

其一，建立金融监管协调机制，完善跨行业、跨市场的金融风险监测评估机制，加强对重大风险的识别和系统性金融风险的防范。比如，境外证券市场投资不利导致的外汇规模还无法控制，以及境内银行贷款风险的发生，使得证券市场的风险与银行的信贷风险交织，评估监测难度加大，毕竟其中的传导机制比较复杂，防范手段有限。比如，企业的投资行为会跨越银行、证券、基金、信托、外汇等领域，还会既有境内又有境外，不同的国家又有不同的管理模式和法律规制，不但很难判断是否会由个案转化成系统风险，而且几乎没有配套的手段加以止损和隔离。

其二，完善对持有各类牌照金融机构的分类监管机制，加强金融监管协调与合作。这是一个争论已久的问题，即是分业经营分业监管好，还是混业经营混业监管好。现在提出要“完善分类监管机制”，前提还是承认了分业经营和分业监管模式的长期性，但是，自贸试验区实行负面清单管理，备案制为主替代审批制，对金融机构管理还好，能够分类监测，问题是打通了境内外两个市场之后，境外有混业经营法律环境，资金的瞬时存在形式很难被精准界定处在金融的哪个领域，从而确定应由境内哪个机构行使监管责任。显然，在自贸试验区金融创新中，应当及时建立新的监测指标和预警系统。

其三，探索建立跨境资金流动风险监管机制，对企业跨境收支进行全面监测评价，实施分类管理。这一点和金融机构的风险监控不同，从某种角度说，难度更大。延续原有的管理体系和方式，实现这一目标比较容易，但是从“需要结汇”转为“意愿结汇”之后，企业的收支并不一定反映企业的主营业务经营情况，经常项目的结汇和资本项目的结汇可以分类监测，问题是，企业的境外资本项目下的投资盈亏计算比较复杂，动态监测几乎不可能，全面监测评价短期内也无法完成。毕竟境外机构没有义务和可能，将正常运营中的商业数据提供给境内的金融监管机构，从而使“建立跨境资金流动风险监管机制，对企业跨境收支进行全面监测评价，实施分类管理”的目标实现起来异常困难。

其四，强化外汇风险防控，实施主体监管，建立合规的评价体系，以大数据为依托开展事中事后管理。这一点目前相对容易些。因为在自贸试验区内获得牌照的金融机构数量仍然是有限的，企业外汇使用放宽了限制，基本上可以从“需求结汇”变为“意愿结汇”，而且今后在商业银行即可办理，但是毕竟还没有完全放开。因此，短期内对市场主体监管相对容易，困难集中在“建立合规的评价体系”和“以大数据为依托开展事中事后管理”这两点上，毕竟这些都需要有效的技术手段和技术基础，需要时间和投入。天津自贸试验区建设可以从建立合规的评价体系入手，在抓紧设立评价体系之后，及时依托大数据开展事中事后管理机制。

其五，做好反洗钱、反恐怖融资工作，防范非法资金跨境、跨区流动。这一任务是国家安全的需要，人民银行本来就有此类职能和机构履职，需要的是针对反恐怖融资中信息交换机制，否则就资金流动本身而言，判断其是否属于洗钱比较有把握，而判断其是否与恐怖活动有关就比较困难。

三、天津自由贸易试验区的金融监管模式方向

天津自由贸易区的金融自由化与金融开放创新对金融监管提出新要求，人民币资本项目可兑换、汇率与利率的自由化等对金融监管提出新挑战，金融混业竞争对我国传统金融监管模式带来挑战。在风险控制与金融创新发展之间进行平衡成为金融监管必须面对的课题。在这一背景下，在自由贸易区内探索金融理念的根本性变革，构建新型金融监管模式，以适应我国金融市场与国际接轨的需求。

（一）监管理念：由规则性监管向原则性监管转变

我国当前金融监管仍以规则性监管为主，通过制定具体的规则防范未来市场风险，但监管规则的制定往往滞后于金融创新，反而容易被企业通过“业务安排”和“组织设计”而逃避准则的约束。在自由贸易园区内进行的金融创新要求金融监管具有弹性，规则监管不能满足自由贸易园区金融创新的需求。原则监管以监管原则为标准授权金融机构开展商业活动，能够聚焦监管目标，具有弹性和灵活性，适应多变的市场环境，有利于金融创新的开展，通过推动金融机构以监管原则为准则进行自主经营，特别是在监管面临不确定性的时候，原则往往能够指导金融发展。因此，在天津自由贸易园区构建金融监管体系时，需要权衡原则与规则监管取向，在初期阶段，金融监管的理念应仍以规则监管为主、原则监管为主，并根据金融业发展的实际情况和监管具体内容灵活应变，在传统金融业务和风险比较大的金融业务中要坚持规则监管理念，而在金融创新业务探索过程中，可考虑实行原则性监管，逐步推进原则监管的比重，充分发挥原则监管的弹性和目标导向，使得在维护金融稳定、防范金融风险的同时，提高市场的竞争力和创新动能。

（二）监管体制：探索统一的功能性监管新体制

从世界各国金融监管模式的发展和演变来看，功能监管是混业经营环境下金融监管模式变化的一个新趋势，以功能为导向的金融监管体系能够有效减少监管冲突和监管盲点，避免监管混乱。国外自由贸易园区在金融创新与监管中，大多成立独立性的金融监管机构，对区内金融创新与运作进行监督和管理，统一监管模式由于集中精简了监管机构，可以做到既减少监管成本，又更为集中有效地利用有限的技术和资源。在统一监管模式中，监管机构更具有一致性和协调性，避免多重机构监管体制容易引发的监管遗漏、不公平竞争、重复监管和机构分歧等问题。从上海自贸区的经验看，金融监管仍采用分业监管模式，由于缺乏统一的金融监管机构，中央监管部门对于跨领域金融交叉业务创新主要采取“一事一议”式的非制度化安排，这与及时、果断处置高风险金融机构的要求相去甚远，与推动金融创新、提高金融业效率的金融改革和发展要求相去甚远。因此，天津自贸区在金融监管体制设计上，应借鉴国外经验并吸取上海教训，探索统一的功能监管新体制，成立区域性金融监管机构，强化监管机构与现有“一委一行两会”监管主体之间的沟通与协作，实现监管互认，同时有利于推进区域性金融创新。

（三）监管基础：建立自由贸易账户体系和分账管理模式

借鉴上海自贸区的金融监管经验，为促进天津自贸区的金融创新与金融开放，需要建立自由贸易账户体系，以保障相关的贸易、投资和融资等政策的同步落地。对区内内资企业、区内外资企业、区内个人分别设立 FTA 账户、FTN 账户和 FTI 账户三类自由贸易账户。在天津自贸区内实行“一线完全放开、二线有效管住”的政策，居民自由贸易账户与境外账户、境内区外非居民账户、非居民自由贸易账户以及其他居民自由贸易账户之间的资金可自由划转；居民自由贸易账户与境内区外银行结算账户之间产生的资金流动则视为跨境业务管理。对区内的金融机构开展分账核算管理，按照“标识分设、分账核算、独立出表、专项报告、自求平衡”的要求开展试验区分账核算业务，针对不同账户进行“实时监控”，便于人民银行更加准确地掌握资金动向，及时发现资金运作过程中的各种突发问题，并采取及时的对策措施。

（四）监管主体：构建中央、地方与自贸区协同监管的多元格局

当前我国的金融监管仍是采用分业监管体制，金融监管主体是由多个金融监管机构共同负责金融各领域的监督与管理，自中央到地方的垂直型监管，人民银行、银监会、证监会和保监会共同承担金融监管职能。自贸区承担着金融创新与金融体制改革的历史使命，需要对区内金融领域进行全局性监管，传统分业监管模式难以满足金融创新需求。在统一功能性金融监管体制下，天津自贸区需要成立统一性金融监管局，同时，需要赋予天津市金融服务办公室金融监管职能，探索从自由贸易区到天津市全市范围的金融监管模式创新，形成从自贸区层面、地方政府区域层面、国家层面协同进行金融监管的格局。具体而言，由自贸区金融监管部门、天津市金融监管部门、国家金融监管当局共同进行金融监管的多元化监管主体构成，各主体之间协同互动，对区域内经济活动主体所从事的金融活动进行监督，对于自贸区金融监管体系的构建具有重要影响。

（五）监管对象：地方金融的特殊性与金融创新业务的复杂性

随着金融体制改革进程的不断深入，地方金融业呈现出良好的发展势头，金融企业的形式增多和数量、规模进一步扩大，具有地方特色和优势的金融业已成为地方经济发展的支撑力量。天津在融资租赁、航运金融等特色金融领域具有显著优势，以此为基础，在天津自贸区内探索融资租赁、航运金融等领域的金融创新与制度改革，将成为天津自贸区金融监管的重点内

容。同时，围绕自贸区金融业务创新展开的投融资汇兑便利化、利率市场化、人民币跨境使用、人民币资本项目可兑换、外汇管理改革等支撑自贸区金融自由化发展的相关业务创新，由于自贸区的外资金融机构和入驻企业差异，对金融创新的需求存在差异，具有一定的复杂性和特殊性，这也是金融监管的重点领域。因此，天津自贸区金融监管的对象涵盖领域较为广泛，在该区域范围内从事金融领域相关活动的经济主体均应纳入监管范围，包括银行业金融机构、保险和证券业金融机构和其他非银行金融机构。

在自贸区发展初期，区内融资体系还不成熟，监管措施还不完善，应以传统的低风险银行业为主，重点吸引和鼓励中外大银行前来加盟，尤其是海外各大国际银行及跨国金融财团加盟设立分支机构。在自由贸易区的成熟期，由于政策体系、监管体系、投融资市场比较完善，金融市场抵御风险的能力较强，可以引进发展风险较高的金融机构，开展各种类型的金融业务，包括黄金、外汇、短中长期信贷、债券、股票、期货期权、各种衍生金融产品交易以及共同基金保险和不动产在内的品种繁杂的一个综合性市场。积极引进非银行金融机构的加盟，包括信托公司、保险公司、证券公司和财务公司等，以满足不断扩大的投融资需要，为各种金融机构提供发展的平台。

第二节　天津自由贸易试验区金融分层监管体制构建

一、天津自由贸易试验区金融分层监管体制的构建思路

天津自贸区金融分层监管的新模式，核心在于在原有监管格局中，增加“地方金融办”和“自贸区金融监管局”成为地方金融监管的主体，形成

“一行、两会、一办、一局”为主体的“1211”监管格局，构建“两级多元、统分结合、标准统一，轮流监测、结果互认、各负其责”的自贸区金融分层监管模式和“三位一体”的监管体系。它是在政治相对集权、经济相对分权的特殊体制下，通过改变中央政府（机构）单一监管主体现状，赋予地方政府区域金融监管的职能，形成统分结合双层监管的金融监管体制。只有中央政府和省级政府具有金融监管权力和责任。为防止地方政府从狭隘的地区利益出发，缺乏监管动力，在实行同一标准条件下，设立中央和地方针对同一监测内容轮流监测评定制度，监测结果互认。按照监管内容和范围的不同，根据“谁批准、谁监管”的原则，中央政府继续对原有监管范围负责，监管主体仍维持“一行两会”；而地方金融监管部门，则主要对小额贷款公司、地方商业银行、融资租赁机构、典当机构、融资担保公司、各类私募基金等地方性金融机构进行监管；自贸区金融监管局主要对区内的金融创新业务进行监督管理。作为区域金融监管主体，地方政府按照事前、事中和事后全程监管的长效化、制度化要求，构建运营监管、风险预警与结果控制“三位一体”的监管体系，从而形成符合我国金融发展需求的新型监管模式，发挥地方金融监管的有利性，防范和化解各类风险，共同推动金融业健康发展。

二、天津自由贸易试验区金融分层监管体制的主要内容

构建天津自贸区金融监管模式，核心内容就是充实地方政府金融监管的权利、责任与义务。

1. 建立分层监管系统

推动中央“一元监管体系”转型，建立中央、地方两级金融监管体制。地方政府无权在经济制度、金融框架、关税体制、外贸管理等基础制度上立法或变更，但可以考虑在不影响国家基础经济体系下，通过集中清理现有金

融监管的法律法规，在一些区域性的单向制度上授予地方监管权力，通过法律、行政授权，赋予地方金融监管部门更多的监管职责。中央政府应及时出台地方金融管理专项指导意见，从法制上明确地方金融管理部门的职能、权限和责任以及地方金融机构的门槛。

2. 理清监管边界

合理确定中央和地方监管边界，在监管边界上以“是否涉及公众利益”为界，划分中央和地方的金融管理权。将中央集中监管权逐步下放给地方政府。对于涉及多方利益的仍由中央进行监管，对于不涉及公共利益的交给地方监管。授权地方以地方出资人和需求者的双重身份，负责地方政府全资或部分出资的金融机构发展和改革决策权，地方金融控股公司及其他地方性金融机构的组建审批权，地方性金融发展规划的制定权，以及对地方金融活动的指导和协调权利，明确中央监管部门对多种类型的非存款类非公众金融机构进行业务指导，授权地方政府将此类非存款类非公众金融机构正式纳入地方金融监管范围，等等。根据不同区域的经济金融特色，给予地方更多的金融监管权限和灵活监管的自由度，针对制造业金融服务、融资租赁和金融市场创新等先行先试，形成监管的“大统一、小分权”。

3. 明确金融风险

在金融风险承担上，明确双方的风险范围，即中央政府对系统性的金融风险负责，地方政府对区域性的金融风险负责。自贸区金融机构的体制改革与发展等问题，逐步交由地方政府根据中央政府确定的基本方针以及行业发展的基本方向具体负责。地方政府开展金融监管的核心，不是审批机构、不是审核资格、不是业务检查，而是如何消除因为信息不对称而产生的投资者（金融产品消费者）利益受到侵害的问题。天津自贸区金融监管权力的重点放在金融活动监管与风险警示等方面，致力于解决自贸区内金融发展的方向性问题，避免介入微观企业的经营活动和干涉金融企业的正常运营，敦促地方政府处理好市场与政府、中央与地方、服务与干预的关系。

4. 提高监管水平

推动各金融监管部门机构的充实与监管水平的提高。为了使现有的监管机构、监管手段和监管水平能够满足天津自贸区金融发展和金融创新的需求，需要整合地方政府金融管理机构与职能，理顺地方准金融机构的监管机制，规范地方监管内容和标准。中央“一行两会”等机构在金融监管领域积累了丰富的经验，应推动双方互联合作，使地方金融监管能力和服务水平朝着更加专业化、精细化和法制化的方向发展。

需要强调的是，推动地方政府金融监管角色的转换，不是鼓动地方政府与中央政府分庭抗礼，不是削弱和限制中央金融监管机构的管理权，不是鼓励地方政府实现地区利益最大化，也不是通过地方政府来限制或压抑地方金融创新。而是在新的形势下，根据金融改革和发展的实践需要，更加科学合理地安排政府监管职能的实现，推动金融监管水平的提高，推动金融为区域经济服务的能力，推动制度创新的生命力和经济增长的活力。

三、建立“三位一体”的金融监管体系

天津自贸区金融监管体系需要完善事前、事中和事后全程监管的长效化、制度化监管系统，将自贸区金融运营监管、风险预警与结果控制结合起来，形成“三位一体”的监管体系。

1. 金融运营监管体系

运营监管体系能够体现天津自贸区在金融发展中对安全、稳定、效率、发展以及活力等方面负有的职责，主要内容包括：

（1）地方政府对区域金融的宏观管理。地方政府对区域金融监管进行宏观规划，对地方金融监管布局、组织构架及制度框架进行宏观指导，根据风险程度和类型对地方金融机构和金融活动进行分类监管，针对地方金融风

险的地域和人文特点，探索差异化的基层监管技术和管理方法。

（2）地方政府对地方金融机构的管理。对新开设的地方金融机构及时进行备案登记，并配设专门的监管人员监督其设立以风险防范为主要内容的内控制度，完善各项工作业务规程，对各项业务处理环节进行备份或对主要风险监控环节进行流程备案。

（3）指导地方金融机构强化自身风险管理。对金融机构的日常运营进行监管，对其日常业务与操作程序进行监督检查，推动金融机构落实内部监督控制机制的常态化，降低地方金融风险发生的可能性。

（4）制定体制外金融监管办法。疏导社会资金参与民间担保市场的渠道，加强对小额贷款公司、融资性担保公司、民间资本管理公司等机构的监管力度，控制地方金融风险的重要来源。

（5）加强职能部门政策之间的协调配合。规范中央金融监管机构与地方政府金融监管机构的工作会商，召集地方相关职能部门，实现对金融监管重点领域、金融市场运行情况信息的互通互报，实现相关部门金融机构监管、金融机构重大事项报告、金融风险案件（事件）快报，以及金融突发事件应急处置预案和金融风险监测与预警信息的及时通报与共享，定期开展金融风险状况配合调查与分析（林宏山，2013）。

2. 金融风险预警体系

金融风险预警体系体现在金融监管中对自贸区金融风险的监测和预判，是自贸区金融监管体系的重要环节，主要内容包括：

（1）引入自贸区金融宏观审慎管理。借鉴国际经验，将自贸区金融宏观审慎管理，作为地方金融稳定运营的框架，对自贸区可能积累的体制性、系统性和经常性风险纳入稳定管理早期目标，建立并完善自贸区金融风险稳定规则。

（2）开展自贸区金融风险压力测试。通过分析自贸区金融宏观变量的变动，可以判断对自贸区金融体系稳健性的影响，尤其对具有内在联系的地方性金融机构和非金融机构之间风险和脆弱性进行评估，借助科学方法跟踪衡量宏观和微观风险及风险救济行为对自贸区金融稳健带来的影响，以显示潜在的金融脆弱性（付刚，2010）。

（3）制定自贸区金融稳定性和潜在风险评估办法。通过一系列静态和动态指标变化反映自贸区金融风险存在的潜在领域、危险程度，具体的风险评价指标体系设置，可根据地方宏观经济运行情况和金融企业运营情况设置，从宏观性、地域性、结构性、压力性等几个方面综合考量。通过设定自贸区金融安全警戒线，以便及时发现问题，保障金融安全。

（4）开展自贸区金融风险评级。根据自贸区金融发展特征、金融机构运营特征以及自贸区金融市场状况等参数，对可能出现的各类风险按照一定的计量技术计算出其预期损失值，赋予不同的风险值及其伴生风险情形不同的风险级别表达方法，划分为不同等级，合理设定自贸区、所在地区及地方金融机构的风险承受能力，并针对不同级别的风险提出具体的救济方式、手段和措施。

（5）建立金融机构自评风险报告制度。金融机构自评风险的预警系统侧重于对自身经营和内部风险的预警及检测，尤其突出对地方金融机构和金融控股公司在自贸区内子公司的风险监测。利用金融机构自有信用风险评估系统，鼓励地方金融机构、民间机构以及地方职能部门通过自贸区金融信息平台向该系统申报信息。

（6）构建区域金融信息数据共享平台。利用中央派驻地方的金融监管机构、地方金融监管机构和自贸区金融监管机构等有关监管部门的监管信息构建区域金融信息数据共享平台，并在此基础上研究建立区域风险预警指标体系和数据模型，探索构建区域金融风险预警信息平台（见图 7-1）。

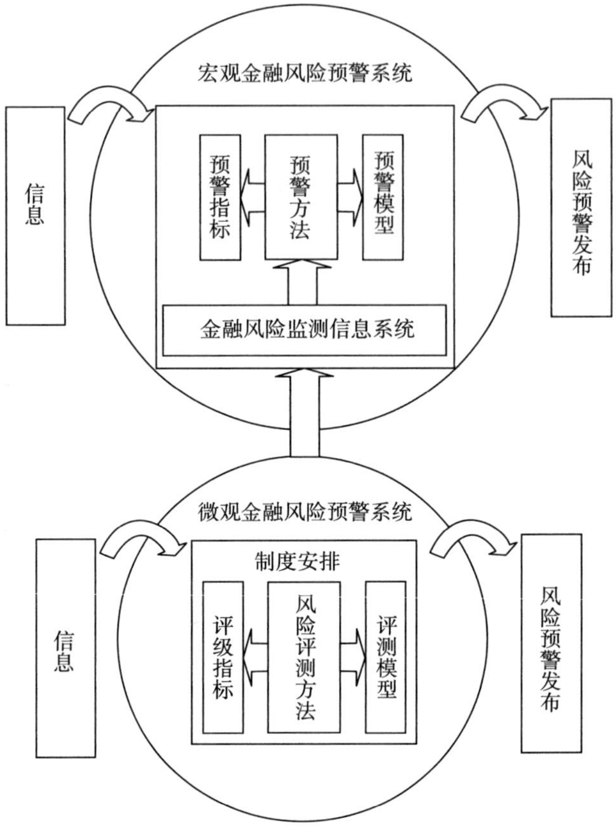

图 7-1　金融风险预警体系

3. 金融风险控制体系

金融风险控制体系主要针对自贸区金融高风险或者风险爆发后的控制，旨在降低金融风险程度、控制风险爆发范围、减少金融风险损失。其主要内容包括（见图 7-2）：

（1）建立自贸区金融应急处理机制。会同中央驻地方金融监管分支机构共同商定跨区域和跨部门的应急处置办法，按照规定的时间、方式和程序及时上报或通报各类突发金融事件及处理信息。建立有效的金融应急备份系统和紧急流动性支持系统。制定突发金融事件的应急处置预案，针对不同机构、不同时期金融风险的类型、特点及出现的问题，建立风险应急预案。

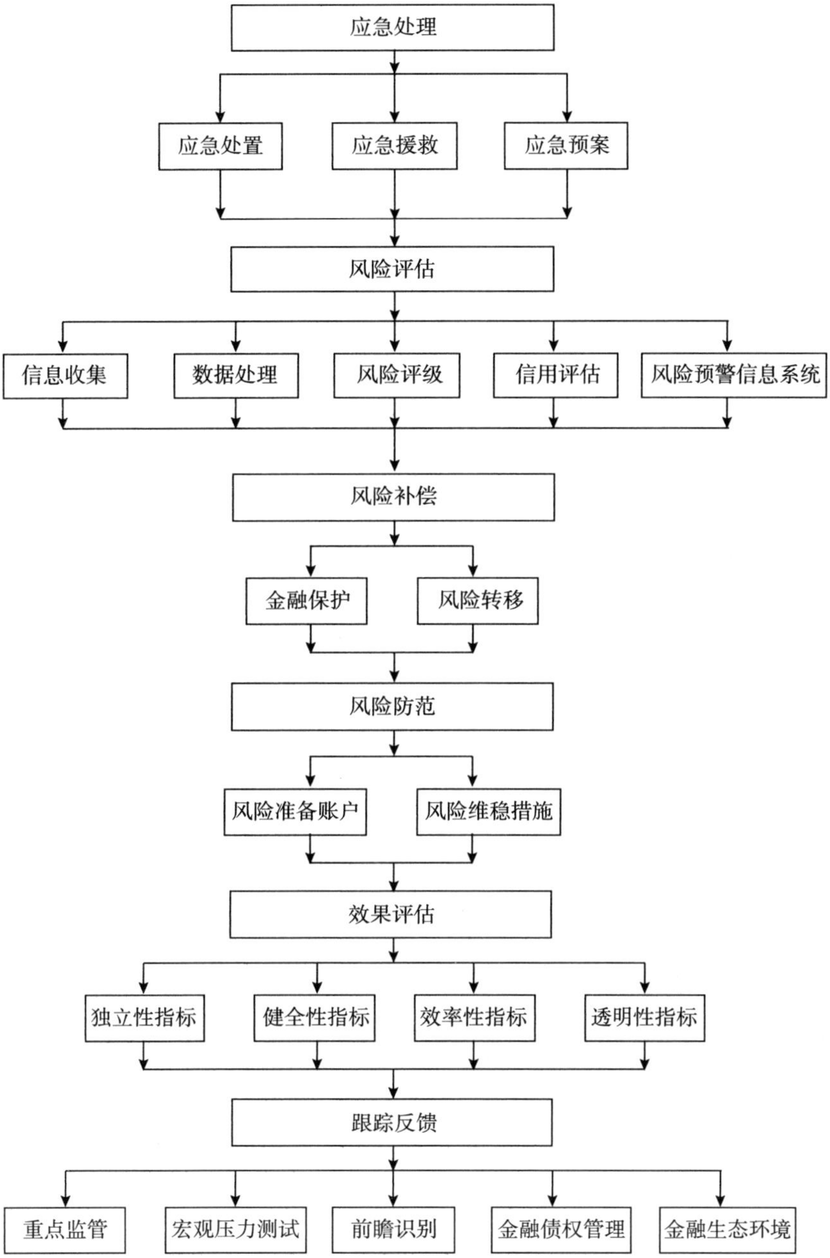

图 7-2 金融风险控制程序图

（2）制定区域性金融风险应对系统。设立地方金融风险专项基金，专门用于对区域金融风险发生后的救济及补偿；建立金融同业救济平台；拓宽民间融资救济，增强民间资金流动性和合理配置，扩宽政府对金融风险实施救济的资金来源；建立社会风险救济防控网络；完善应急援救性措施；等等。

第八章　推进自由贸易试验区金融监管的对策建议

——以天津自由贸易试验区为例

一、构建自由贸易试验区金融宏观审慎管理体系

探索在自贸试验区建立境外融资与跨境资金流动宏观审慎管理政策框架，设定灵活的、切合实际的、可根据宏观经济形势灵活调节的宏观审慎系数，根据不同的宏观经济形势，调节宏观审慎系数，实现对风险的管控。结合天津自贸试验区的特点，从宏观到微观、机构到个人、区内到区外等不同角度，建立和完善跨境资金流动风险监测预警指标体系，全面监测分析跨境资金流动，完善跨行业、跨市场的金融风险监测评估机制，加强对重大风险的识别和系统性金融风险的防范，防止跨境资金大进大出。

二、构建中央与地方政府两级多元、协同互动的金融监管格局

借鉴国外经验，探索国家和省域分级监管机制，强化省市层面属地化监管责任，为防范金融扩大开放的系统性和区域性风险增设“安全阀”（姜长云等，2014）。在原有监管格局中，增加“地方金融局”和“自贸区金融监

管局”成为地方金融监管的主体，形成“一行、两会、两局”为主体的“122”监管格局，构建“两级多元、统分结合、标准统一，轮流监测、结果互认、各负其责”的自贸区金融监管模式，探索从自由贸易区到天津市全市范围的金融监管模式创新，形成从自贸区层面、地方政府区域层面、国家层面协同进行金融监管的格局。强化各金融监管主体之间的协同互动，对区域内经济活动主体所从事的金融活动进行监督，对于自贸区金融监管体系的构建具有重要影响。积极探索政府跨部门协同监管机制，引导政府相关部门加强监管协作，促进金融跨界融合监管的信息互换、监管互认、执法互助，重点加强事中事后监管和全程协同监管。

三、成立天津自由贸易试验区金融监管局，对区内金融业实行统一监管

自贸试验区的金融业务综合性和特殊性，决定了其服务的创新性和监管的复杂性与集中性。就金融创新服务而言，自贸试验区管理机构就可以履行上述职责，但从金融监管需要看，现有的自贸试验区政府机构却很难顺利行使权力。虽然政府的管理中心正在从事前管理向事中事后转移，但是金融风险的防范更强调预判、预警、预防。现行的监管模式在自贸区模式下存在一定的缺陷，特别是对一些新业务、新领域会存在监管盲点，而在跨部门监管过程中往往又存在低效的情况。同时，在自贸区内进行分头监管，对自贸区的经营运作和区内经济主体也存在不便。从国际经验上看，自贸区可探索开展统一的功能性监管试点，构建一个综合性的“超级金融监管机构”——自贸区金融管理局，一站式地开展监督管理，一方面有利于提高监管效率，另一方面能够为自贸区企业提供更多便利。随着试点经验的不断成熟，可考虑将其模式逐渐加以改进、推广。由自贸区金融监管局承担区内金融服务活动进行持续性监管，其监管范围涵盖了资产管理、银行和信贷服务、证券基

金、期货交易等多个领域，赋予该机构区域性立法的权限，并对自由贸易区内的相关机构准入及运营实行统一的监管，有效降低自贸区内企业的监管负担。因此，从自贸试验区金融监管模式创新入手，探索如何完善国家的金融监管体系将是自贸试验区试验的一大任务，成立相应的综合监管机构或建立联席会议制度也应提到议事日程。

四、构建运营监管、风险预警与结果控制“三位一体”的监管体系

加快设计和建立金融风险预警评估制度和风险应急反应体系。创新就是打破原有的框架和限制，从而导致原有的监管目标、监管方式、应急手段出现不适应，面对金融创新，监管的新任务就是尽早借助大数据，建立风险分析和评估系统，建立风险应急反应机制。建立充分的信息披露制度，使监管部门充分了解金融机构的运行状态。作为区域金融监管主体，地方政府按照事前、事中和事后全程监管的长效化、制度化要求，构建运营监管、风险预警与结果控制“三位一体”的监管体系，防范和化解各类风险。采取全方位搜集信息、全面风险评级、全程跟踪完成非现场监管工作，通过建立较为完善的监管信息处理系统实现“非现场监管——现场检查——风险评级——非现场跟踪监管”的良性循环。同时，建立完善风险分析系统，通过对金融机构运行情况的监测，进行分析预警，形成反馈。建立并完善非现场监管人员与金融机构高管之间的沟通机制，获取真实信息，实现监管信息资源共享和风险评估，提高监管效率。

五、加强金融机构内部监管，提高风险自我控制能力

金融机构内部管理控制制度是防范金融风险与危机的基础性制度，对入

驻天津自贸区内的金融机构，要完善其公司治理结构，明确其自我监控的意识和能力，提高其自身的风险控制能力，以适应自由贸易区内金融自由化发展与混业经营发展趋势的内在要求。一是建立科学的风险管理流程，将全面风险管理覆盖业务流程的每一个环节；二是建立良好的信息披露制度，根据巴塞尔新资本协议的要求，对信息披露提出了更新更高的要求；三是加强对自身各分支机构、各职能部门以及经营决策者约束，从制度上控制风险发生的概率；四是依托“互联网+”的信息化工具，开展金融监管业务创新，提高金融监管效率，全面实施“互联网+监管”的模式。

六、建立金融机构的信息披露机制，加强社会公众与舆论的监督

充分运用市场机制，对金融机构运营状况进行监管，增强金融机构透明度和民众风险意识，形成有效的社会监督体系，与金融机构的内部控制、行业自律一起，共同形成强大的金融监管网络，提高金融监管的效率和质量。一是通过新闻媒体及其他方式加强金融法律法规知识的宣传教育，提高公众的信用观念和风险防范意识；二是充分发挥社会中介机构的社会监督作用，即由合法成立并经中央银行认可的会计师事务所、审计事务所依法对金融机构报告的真实性、公正性进行审计，以便有关部门对其财务状况、经营绩效和风险程度等做出正确判断，并对其存在的问题进行审计监督；三是通过设立举报电话和聘请义务监督员等方式，让广大群众积极举报社会金融违法行为，加强金融机构的外部监督。

七、加强金融监管协调，形成监管合力

为加强自贸试验区金融开放创新试点的统筹协调，细化天津自贸区金融工作协调推进小组职责，通过搭建内部监管、强化业务指导、建立跨部门协

作等手段和机制，增强市场主体风险防范意识和能力，为稳妥有序推进金融改革创新创造有利条件，形成创新促进、监管协调、风险防范、环境营造良好氛围。在推动京津冀协同发展方面，在自贸区内建立可适用于京津冀三地的优惠政策与协同监管机制，打破行政壁垒推动建立统一的资金借贷、抵质押、支付结算、信用担保等制度，以自贸区辐射京津冀，实现金融创新业务与金融支持同城化。

八、完善金融监管法律法规体系，推动国际金融监管合作

国外自由贸易区以完善的法律法规体系营造稳定的金融环境，通过严格执法大大提升金融管理局的监管力度。我国现有的金融监管法律制度不能够满足自贸区金融业发展的需求，已发布的法律法规不成体系，不能用来支撑和保障天津自贸区金融创新。为创造更加良好的法律环境，在结合我国自由贸易区内金融业发展现状及实践的基础上，在天津自由贸易区试点内创新金融监管法律制度，制定《中国（天津）自由贸易试验区金融监管条例》，通过立法授予监管主体合理的监管权限，推动国际金融监管合作，以期在我国早日形成符合我国国情的金融监管法律基础环境，为进一步深化经济体制改革提供法律服务。

参考文献

[1] Acharya V V, Subramanian K V. Bankruptcy Codes and Innovation [J]. Review of Financial Studies, 2009, 22 (12): 4949-4988.

[2] Akerlof G. The Market for Lemon: Quality Uncertainty and the Market Mechanism [J]. Quarterly Journal of Economics, 1970, 84: 488-500.

[3] Bernanke B, Gertler M. Agency Costs, Net Worth, and Business Fluctuations [J]. American Economic Review, 1989, 79 (1): 14-31.

[4] Chakravorti S. Analysis of Systemic Risk in Multilateral Net Settlement Systems [J]. Journal of International Financial Markets Institutions & Money, 2000, 10 (1): 9-30.

[5] Dale R, Wolfe S. The Structure of Financial Regulation [J]. Journal of Financial Regulation & Compliance, 1999 (4): 128-132.

[6] Deng Y, Kaufman S. Influence of Atrial Natriuretic Factor on Fluid Efflux from the Splenic Circulation of the Rat [J]. The Journal of Physiology, 1996, 491 (Pt 1): 225-230.

[7] Dewachter H, Wouters R. Endogenous Risk in a DSGE Model with Capital-constrained Financial Intermediaries [J]. Journal of Economic Dynamics & Control, 2014, 43: 241-268.

[8] Diamond Douglas W, Raghuram G Rajan. Liquidity Risk, Liquidity

Creation, and Financial Fragility: A Theory of Banking [J]. Journal of Political Economy, 2001, 109: 287-327.

[9] Dow S C. Why the Banking System Should be Regulated [J]. The Economic Journal, 1996: 698-707.

[10] Frankel J , Stein E , Wei S J . Trading Blocs and the Americas: The Natural, the Unnatural, and the Super-natural [J]. Journal of Development Economics, 1995, 47 (1): 61-95.

[11] Gagne, G. Free Trade and Cultural Policies: Evidence from Three US Agreements [J] . Journal of World Trade, 2011, 45 (6): 1267-1284.

[12] Hawtrey R G. The Art of Central Banking [M]. Frank Cass Publishers, 1970: 167-168.

[13] Kamas L. External Disturbances and the Independence of Monetary Policy under the Crawling Peg in Colombia [J]. Journal of International Economics, 1985, 19 (3-4): 313-327.

[14] Kregel J A. Margins of Safety and Weight of the Argument in Generating Financial Fragility [J]. Journal of Economic Issues, Jun, Vol. 31, 1997: 543-548.

[15] Lucian Cernat. Assessing Regional Trade Arrangements: Are South-South Rtas More Trade Diverting? [EB/OL]. Policy Issues in International Trade and Commodities Study Series, 2001. Available at SSRN: https://ssrn.com/abstract=289123.

[16] Lau E , Po Lee K . Interdependence of Income Between China and ASEAN-5 Countries [J]. Journal of Chinese Economic and Foreign Trade Studies, 2008, 1 (2): 148-161.

[17] Loayza N. Financial Intermediation and Growth Causality and Causes [M]// Banking Systems around the Globe: Do Regulation and Ownership Affect

Performance and Stability?. National Bureau of Economic Research, Inc, 2012: 31-96.

[18] Minsky H P. The Financial Instability Hypothesis: Capitalist Processes and The Behavior of the Economy, in Financial Crises: Theory, History and Policy [M]//Ed. C. P. Kindle Berger and J. P. Laffergue. Cambridge University Press, 1982: 13-38.

[19] Owen , Braentigam. The Regulation Game: Strategic Uses of the Admunistrative Process [M]. Cambridge , Mass: Ballinger, 1978.

[20] Pigou, Arthur C. The Economics of Welfare [M]. 4th edition. Macmillan, 1938.

[21] Posner R A . Toward a More General Theory of Regulation [J]. The Journal of Law and Economics, 1975, 83: 322-340.

[22] Posner R A. The Supreme Court, 2004 Term [J]. Harvard Law Review, 2005, 119 (1): 28-102.

[23] Stiglitz J E, Andrew Weiss. Credit Rationing in Market with Imperfect Information [J]. American Economic Review , 1981, 73 (3): 393-410.

[24] Walker C E. Major Issues in the Regulation of Financial Institutions: Comment [J]. Journal of Political Economy, 1967, 75 (4): 509.

[25] Weston K A . A North American Free Trade Agreement and East Asian Developing Countries [J]. ASEAN Economic Bulletin, 1993, 9 (3): 287-300.

[26] Zamroni Salim. A Trade Coalition Analysis on East Asian Free Trade Agreement [J]. Journal of Economics and Sustainable Development, 2013, 4 (19): 147-159.

[27] 巴曙松，王璟怡，杜婧．从微观审慎到宏观审慎：危机下的银行监管启示 [J]. 国际金融研究，2010 (5): 83-89.

[28] 白钦先，杨秀萍．金融危机后对金融监管理论与实践的反思 [J].

沈阳师范大学学报（社会科学版），2014，38（2）：5-9.

［29］白钦先．20世纪金融监管理论与实践的回顾和展望［J］．城市金融论坛，2000（5）：8-15.

［30］保罗·克鲁格曼．克鲁格曼国际贸易新理论［M］．北京：中国社会科学出版社，2001：2.

［31］蔡玉胜．政府竞争、经济增长与趋同［M］．兰州：兰州大学出版社，2008：34.

［32］曾筱清．金融全球化与金融监管立法研究［M］．北京：北京大学出版社，2005.

［33］陈创练，黄楚光，陈创波．资本账户开放、金融风险与外汇储备的非线性关系研究［J］．财经研究，2015，41（8）：64-78.

［34］陈浩．中国特色自由贸易港研究［D］．中共中央党校博士学位论文，2019.

［35］陈晖．世界自由贸易园区制度经验及其启示［J］．竞争情报，2016，12（1）：50-58.

［36］陈莉．一体化对战后国际贸易理论发展的影响［J］．福建论坛（经济社会版），2002（6）：20-23.

［37］陈亮．上海自贸区金融监管创新及其对前海自贸区的启示［J］．经济论坛，2017（8）：54-56.

［38］陈柳钦．德国金融混业经营及其监管［J］．上海金融学院学报，2008（4）：58-64.

［39］陈胜，沈佩仪．跨太平洋伙伴关系协议（TPP）对中国金融服务业的影响［Z］．金融改革与银行法治建设——中国银行法学研究会2013年年会，2013.

［40］陈胜．上海自贸区金融监管如何创新［J］．法人，2013（10）：71-72.

［41］陈卫东，王有鑫．人民币贬值背景下中国跨境资本流动：渠道、规模、趋势及风险防范［J］．国际金融研究，2016（4）：3-12.

［42］陈月生．天津自贸实验区融资租赁发展情况分析［J］．重庆三峡学院学报，2016（6）：46-52.

［43］崔建国．金融开放条件下中国金融监管问题研究［D］．郑州大学硕士学位论文，2009.

［44］戴相龙，黄达．中华金融辞库［M］．北京：中国金融出版社，2012：4.

［45］丁国杰．中国（上海）自由贸易区影响效应分析［J］．宏观经济管理，2014（6）：49-51.

［46］丁国民，苏忠康．论我国自贸区离岸金融税制模式的选择［J］．延边大学学报（社会科学版），2016，49（4）：111-117.

［47］董微微．上海自贸区的经验及对天津的启示［J］．城市，2015（4）：32-34.

［48］范宏云，孙光永．香港建设自由贸易港的经验［J］．特区实践与理论，2008（3）：56-59.

［49］付刚．宏观审慎管理与系统性金融风险防范思考［J］．金融发展研究，2010（10）：61-63.

［50］富伟炜．我国自由贸易试验区金融创新监管法律问题研究［D］．天津大学硕士学位论文，2018.

［51］高珊．从哲学认识论角度浅析天津金融中心建设条件［J］．环渤海经济瞭望，2016（3）：24-27.

［52］郭晋荣．开放条件下我国金融监管问题研究［D］．西北农林科技大学硕士学位论文，2008.

［53］郭丽虹，张祥建，徐龙炳．社会融资规模和融资结构对实体经济的影响研究［J］．国际金融研究，2014（6）：66-74.

［54］郭文婧．自贸区金融“试验”的借鉴与可能［J］．金融博览（财富），2013（22）：22-23.

［55］国宴兵．西方国际贸易理论历史与发展［M］．杭州：浙江大学出版社，2004：367.

［56］何焰，龚超．区域经济一体化金融服务市场准入制度研究［J］．长江论坛，2007（2）：41-46.

［57］胡又欣．比较优势理论到新贸易理论发展之浅析［J］．北京工商大学学报，2001（5）：4-6，21.

［58］黄恒学．公共经济学［M］．北京：北京大学出版社，2002：78.

［59］黄庆平，袁始烨．自贸港的未来：基于负面清单管理的国际经验［J］．经济体制改革，2018（3）：173-178.

［60］姜长云，邱灵．扩大和深化我国服务业对外开放的新思路［J］．经济纵横，2014（10）：20-22.

［61］金中夏，袁佳，张薇薇．TPP 对中国的挑战及中国的选择［J］．外国经济与管理，2014（6）：70-80.

［62］课题组，李璐，徐力，寇霭婷，刘亚楼．关于建设天津自由贸易港的探讨［J］．华北金融，2019（5）：73-80.

［63］孔蕊．我国自由贸易试验区金融创新与风险防控浅析［J］．天津经济，2016（9）：40-42.

［64］赖庆晟．我国从保税区到自由贸易试验区的渐进式扩大贸易开放路径研究［D］．华东师范大学博士学位论文，2016.

［65］赖三珍．自由贸易试验区金融监管法律问题研究［D］．福建师范大学硕士学位论文，2017.

［66］蓝庆新，张堃．新加坡金融监管体制的发展与借鉴［J］．东南亚纵横，2008（6）：9-12.

［67］李成，刘社芳．从管制到自由化：金融监管理论的批判与整合

[J]. 上海金融，2003 (4)：26-28.

[68] 李成. 金融监管学 [M]. 北京：科学出版社，2006.

[69] 李鸿阶. 世界自贸区发展趋势与福建自贸区建设选择 [J]. 学术评论，2014 (2)：37-43.

[70] 李庆华，胡琬芸，周瑛达. 论域外金融监管市场约束体系及其对我国的制度启示 [J]. 山东社会科学，2012 (7)：155-158.

[71] 李拓晨，金明华. 国际贸易 [M]. 哈尔滨：哈尔滨工业大学出版社，2000：50.

[72] 李小林. 金融监管理念：以金融创新和金融监管的辩证关系为视角 [J]. 吉林金融研究，2013 (3)：23-28.

[73] 李艳. 论国际贸易的理论体系与发展 [D]. 黑龙江大学硕士学位论文，2005.

[74] 李友华. 境外自由贸易区与中国保税区比较研究 [M]. 长春：吉林大学出版社，2006：57.

[75] 李早航. 现代金融监管 [M]. 北京：中国金融出版社，1999.

[76] 里昂惕夫. 国内生产与对外贸易：美国地位的再审查 [M] //国外经济学讲座（第二册）. 北京：中国社会科学出版社，1980：89.

[77] 辽宁省人民政府发展研究中心课题组. 自由贸易区背景下长兴岛金融体系建设的战略构想 [J]. 辽宁经济，2012 (2)：22-29.

[78] 林采宜. 上海自贸区激发金融监管理念根本性变革 [EB/OL]. 中国证券网. http：//www.cnstock.com/v_ news/sns_ jd/201310/2779930.htm.

[79] 林宏山. 区域性金融风险防范的研究与思考——以漳州市为视角 [J]. 福建金融，2013 (2)：49.

[80] 刘慧悦. 广东自贸区金融监管机制考察 [J]. 开放导报，2016 (2)：89-92.

[81] 刘健，马丽靖. 自由贸易账户体系发展现状、问题及未来展望

[J]. 清华金融评论，2020（1）：60-62.

[82] 刘绮涛. 金融危机背景下德国金融监管体制对我国的启示 [J]. 当代经济，2009（6）：80-81.

[83] 刘锡良. 中央银行学 [M]. 北京：中国金融出版社，1997：8.

[84] 马红，温瑞. 四大自贸区金融领域改革对新疆的启示 [J]. 西部金融，2017（1）：51-53.

[85] 马君潞，刘学新. 自贸区建设中的金融开放与政策推广 [J]. 现代管理科学，2014（4）：18-20.

[86] 马倩. 国际空港自贸区公共服务设施发展分析和借鉴 [C] //中国城市规划学会. 城乡治理与规划改革——2014 中国城市规划年会论文集（06 城市设计与详细规划），2014：1040-1050.

[87] R. I. 麦金农（Ronald I. Mckinnon）. 经济发展中的货币与资本 [M]. 卢骢译. 上海：三联书店上海分店，1988.

[88] 毛艳华. 自贸试验区是新一轮改革开放的试验田 [J]. 经济学家，2018（12）：47-56.

[89] 孟广文. 从国际视角看天津自贸区发展前景 [N]. 滨海时报，2015-05-05（8）.

[90] 潘志刚，李忠民. 西方金融监管理论演变文献综述 [J]. 兰州商学院学报，2005（6）：57-62.

[91] 齐兰，郑少华. 全球金融体系变革与中国金融监管体制改革 [J]. 学术月刊，2011（9）：66.

[92] 齐英如. 上海自贸区金融监管法律制度研究 [D]. 东北大学硕士学位论文，2014.

[93] 祁敬宇，祁绍斌. 金融监管理论与实务 [M]. 北京：首都经济贸易大学出版社，2007.

[94] 钱水土. 进一步完善地方政府金融管理体制的探讨 [J]. 清华金

融评论，2014（7）：46-49.

［95］钱小安．金融开放条件下货币政策与金融监管的分工与协作［J］．金融研究，2002（1）：46-54.

［96］任春杨．中国自由贸易区投资制度优化研究［D］．吉林大学博士学位论文，2017.

［97］戎生灵．金融风险与金融监管［M］．北京：中国金融出版社，2007.

［98］阮绍铨．浅析新加坡金融监管及其启示［J］．东南亚，2006（3）：22-26.

［99］陕西自贸区金融创新　亮出华丽成绩单［EB/OL］．https：//36kr.com/p/1723509948417.

［100］商务部国际贸易经济合作研究院课题组，邢厚媛．中国（上海）自由贸易试验区与中国香港、新加坡自由港政策比较及借鉴研究［J］．科学发展，2014（9）：5-17.

［101］商务部网站，http：//fta.mofcom.gov.cn/.

［102］沈开艳．上海经济发展报告（2014）［M］．北京：社会科学文献出版社，2014：157.

［103］时辰宙．国际金融监管理念的最新演进——基于原则监管方法的分析和思考［J］．金融发展研究，2008（12）：33-37.

［104］亚当·斯密．国民财富的性质和原因的研究（上卷）［M］．郭大力，王亚南译．北京：商务印书馆，1972：28-29.

［105］宋晓燕．上海自贸区金融改革对宏观审慎监管的挑战［J］．东方法学，2014（1）：91-97.

［106］宋旭晨．上海自贸区金融自由化模式研究［D］．大连海事大学硕士学位论文，2014.

［107］孙充正，周小英．国际金融监管的发展趋势及对我国金融监管的

启示［J］. 中小企业管理与科技（中旬刊），2014（1）：66-68.

［108］孙唯 . 大连自贸区金融监管制度研究［D］. 东北财经大学硕士学位论文，2018.

［109］孙泽华 . 加快我国贸易投资便利化持续发展的路径选择［J］. 对外经贸实务，2017（1）.

［110］唐伦飞，安启雷 . 试论我国金融监管协调机制的建立和完善［J］. 吉林金融研究，2010（2）：3-8.

［111］唐永红 . 世界经济特区发展趋势与加入 WTO 后中国经济特区再发展［J］. 特区经济，2002（5）：15-20.

［112］陶立峰 . 对标国际最高标准的自贸区负面清单实现路径——兼评 2018 年版自贸区负面清单的改进［J］. 法学论坛，2018，33（5）：145-152.

［113］童中文，范从来，朱辰，张炜 . 金融审慎监管与货币政策的协同效应——考虑金融系统性风险防范［J］. 金融研究，2017（3）：16-32.

［114］王爱俭，李向前，林文浩，王璟怡，郭强，刘杨，邓黎桥 . 建设天津金融创新运营中心　以运营服务塑造金融新优势［J］. 华北金融，2014（8）：21-25，45.

［115］王爱俭，王璟怡 . 宏观审慎政策效应及其与货币政策关系研究［J］. 经济研究，2014，49（4）：17-31.

［116］王灿，喻平 . 金融创新、金融监管与经济增长［J］. 统计与决策，2020，36（7）：137-141.

［117］王超，刘菲菲，王路军 . 金融新动能“融资租赁”的培育与发展——以天津东疆保税港区为例［J］. 天津经济，2018（10）：14-18.

［118］王立国，董微微 . 中外地方政府债务管理比较研究［J］. 城市问题，2014（6）：73-78.

［119］王立国 . 我国地方政府金融监管模式研究［D］. 天津财经大学博士学位论文，2013.

［120］王茜，张继．我国金融服务业的开放与法律监管问题研究——基于上海自贸区的分析［J］．上海对外经贸大学学报，2014，21（3）：27-38.

［121］王儒靓．金融监管法制问题研究［J］．时代金融，2013（11）：76-77.

［122］王胜今，景跃军．人口·资源·环境与发展［M］．长春：吉林大学出版社，2006.

［123］王新军，王征．论我国自贸试验区金融监管法律制度的完善［J］．金融发展研究，2020（2）：90-92.

［124］王新宁．金融自由化浪潮下的金融监管［J］．山东社会科学，2004（7）：39-41.

［125］王玉．金融脆弱性理论的现代发展及文献评述［J］．贵州社会科学，2006（3）：12-16.

［126］闻岳春，程天笑．上海自贸区离岸金融中心建设的系统性金融风险研究［J］．上海金融学院学报，2014（2）：5-18.

［127］翁静雨．我国自贸区金融监管法律问题研究［D］．贵州民族大学硕士学位论文，2015.

［128］邬展霞，仇倩，王晓．世界主要自由贸易区：运行特色、税制设置和税政评析［J］．科学发展，2014（6）：59-65.

［129］吴炳辉，何建敏．中国利率市场化下的金融风险理论［J］．财经科学，2014（3）：1-10.

［130］吴大器，肖本华，殷林森．以金融自由化为背景的上海自贸区金融改革创新的思考［J］．上海金融学院学报，2014（3）：15-23.

［131］吴士存，蔡振伟．海南自贸区建设的时代背景、深远意义与推进路径［J］．南海学刊，2018，4（3）：46-53.

［132］武剑．中国（上海）自贸区金融改革展望［J］．新金融，2013

(11)：12-15.

[133] 项俊波．金融风险的防范与法律制度的完善［J］．金融研究，2005（8）：1-9.

[134] 爱德华·肖．经济发展中的金融深化［M］．邵伏军译．上海：三联书店上海分店，1988.

[135] 肖本华．中国（上海）自由贸易试验区金融综合监管制度创新研究［J］．科学发展，2015（1）：85-92.

[136] 肖海燕．香港金融监管制度及其启示［J］．企业导报，2012（7）：47.

[137] 谢平，蔡浩仪．金融经营模式及监管体制研究［M］．北京：中国金融出版社，2003.

[138] 宿营．论上海自贸区金融宏观审慎监管政策［J］．政法论丛，2014（4）：73-81.

[139] 徐登平．金融危机下对我国金融监管体系的反思及未来路径研究［J］．时代金融，2009（11）：8-10.

[140] 许涤龙，陈双莲．基于金融压力指数的系统性金融风险测度研究［J］．经济学动态，2015（4）：69-78.

[141] 薛永刚．提升地方政府在金融监管中的科学性与合理性［J］．领导科学，2012（12）：52.

[142] 燕妮．负面清单制度研究［D］．复旦大学硕士学位论文，2014.

[143] 杨海珍，段莎莎．香港金融监管体制安排的发展历程及趋势［J］．金融管理，2008（7）：10-14.

[144] 杨建文．政府规制：21 世纪理论研究潮流［M］．上海：学林出版社，2007.

[145] 杨明，赵明辉，原峰，杨伦庆．香港新加坡自由港政策分析［J］．新经济，2019（4）：2，4-9.

［146］于宏伟，李静．负面清单制度的发展与完善［J］．中国发展观察，2014（3）：35-36.

［147］于立，肖兴志．规制理论发展综述［J］．财经问题研究，2001（1）：17-24.

［148］原兴男．中国（上海）自由贸易试验区金融监管法律制度研究［D］．重庆大学硕士学位论文，2015.

［149］翟明明．金融监管中的政府行为研究［D］．天津师范大学硕士学位论文，2012.

［150］张二震，马野青．国际贸易学［M］．南京：南京大学出版社，2003：58.

［151］张锦鹏．增长极理论与不发达地区区域经济发展战略探索［J］．当代经济科学，1999（6）：32-37.

［152］张瑾．中国（上海）自由贸易试验区金融宏观审慎评估框架的构建［J］．上海金融，2015（3）：75-77.

［153］张留禄，陈福根．金融危机背景下德国金融监管体制对我国的启示［J］．南方金融，2008（12）：33-35.

［154］张莫．自贸区金融自由化应当有边界［N］．经济参考报，2013-09-17（001）.

［155］张晓朴．系统性金融风险研究：演进、成因与监管［J］．国际金融研究，2010（7）：58-67.

［156］张学峰．中国金融监管问题研究［J］．社科纵横，2006（12）：58-60.

［157］张志强．世界自由贸易区的主要类型和发展特点［J］．港口经济，2009（11）：56-58.

［158］章奇，何帆，刘明兴．金融自由化、政策一致性和金融脆弱性：理论框架与经验证据［J］．世界经济，2003（12）：3-14.

[159] 赵园园．论我国金融监管模式的发展趋势 [J]．黑龙江金融，2014 (1)：29-32.

[160] 中国人民银行研究局赴德课题组．德国的综合银行制度及其监管问题 [J]．武汉金融，2001 (1)：16-19.

[161] 钟坚．世界经济特区的发展态势及其经验 [J]．华中师范大学学报（哲学社会科学版），1994 (6)：1-6.

[162] 周逢民．中央与地方政府金融监管模式选择 [J]．金融发展评论，2012 (5)：70-75.

[163] 周汉民．我国四大自贸区的共性分析、战略定位和政策建议 [J]．国际商务研究，2015，36 (4)：36-46.

[164] 周弘，胡卉，杨子成，赵雨萱．上海自贸区金融创新的问题与对策 [J]．金陵科技学院学报（社会科学版），2018，32 (4)：29-33.

[165] 周建春．完善地方政府金融管理体制 [J]．中国金融，2011 (11)：65-66.

[166] 周敏．我国金融监管模式的发展趋势研究 [D]．厦门大学硕士学位论文，2007.

[167] 周小川．金融发展与风险防范 [M]．北京：人民出版社，2011.

后 记

自由贸易区的金融创新与监管问题是我工作以来一直关注的研究领域，本书的研究对象时间跨度较长，从 2013 年上海自贸区的获批，到 2019 年已有五批 18 家自贸试验区，自贸区实践的快速发展既为本书的研究工作提供了丰富的素材，也为研究工作增加了难度。尽管在本书的成稿过程中本人倾注了大量心血，但由于资料的局限和个人知识结构、时间与精力等因素的影响，书中难免还存在一些缺陷和不足，敬请指正！

本书的研究工作得到了天津社会科学院应急课题的资助，感谢单位的经费支持，使我们能够有条件开展系统的研究，并将研究成果发布。感谢天津社会科学院王立国研究员将我引入了金融监管领域。感谢蔡玉胜研究员、王双研究员对本书的撰写提出宝贵的意见和建议。还要感谢单位领导和同事在我写作本书期间给予的诸多关心和帮助。

感谢本书参考文献的所有作者，没有他们研究成果的支持，我们的研究无法开展，也难以取得成绩。可能遗漏了某些参考文献，还恳请原谅与海涵。

最后，感谢经济管理出版社为本书出版付出的辛勤劳动，敬请各位学术前辈和同仁批评指正！

董微微

2020 年 7 月